KB058546

# K-POP
# 성공방정식

그들은 어떻게 한국의 미래가 되었나?

K

POP

# K-POP 성공방정식

세계 대중문화 시장 정점에 우뚝 선 K컬처의 저력을 꿰뚫다!

• 김철우 지음 •

21세기북스

## 추천의 글

그룹 방탄소년단BTS이 미국 최고 권위 음악 시상식인 그래미 어워드 후보에 올랐다. 한국 대중음악사상 처음 있는 일인데, 이로써 BTS는 미국 3대 음악 시상식 모두 후보에 오르는 역사를 새로 썼다. BLACKPINK(블랙핑크)나 SuperM 등 아시아를 넘어 세계 시장에 눈도장을 확실히 찍은 K팝 가수도 급증하면서 해외에서 한국에 관한 관심이 증가하고 있다. 코로나-19로 잔뜩 움츠러든 한국 국민에게 그 어떤 것보다 기분 좋은 소식일 것이다. 2020년, K팝뿐 아니라 한국 영화나 한국 드라마 등 한류 콘텐츠는 그 어느 때보다 세계 시장에서 두각을 나타내며 혁혁한 성과를 거뒀다.

나는 일찍이 KBS 사장으로 재직할 때부터 대한민국의 신성장 동력으로 한류 수출의 중요성에 눈을 떠 외부 강연을 많이 했다. '한류 문화의 전도사'를 자임하고 다닌 셈이다. 한류를 체계적으로 연구해봐야겠다는 생각을 하게 된 계기는 2011년 7월 일본 도쿄돔에서 열린 〈뮤직뱅크〉 첫 해외 공연이었다. 당시 KBS월드를 통해 〈뮤직뱅크〉가 해외에서 방송돼 큰 인기를 얻게 되면서 해외 원정 공연을 처음으로 기획했는데, 공연 장소가 도쿄돔이었다.

4만 5,000여 관객석을 가득 채운 일본 팬들이 열광하는 모습은 지금도 생생히 기억난다. 이 공연이 있기 전에도 방송사 사장으로 여러 자리에서 한류란 말을 할 기회가 있었지만, 그 힘에 대해 처음으로 피부 깊숙이 느낀 순간이었다. 현재 총장으로 몸담고 있는 경기대학교를 한류 특성화 대학으로 키우겠다는 생각을 하게 된 것도 이 때문이다.

한류의 확산은 우리나라의 경제적 이익이 커진다는 것 이상의 의미를 갖고 있다. 해외에서 K팝과 한국 드라마의 인기는 한국 음식과 패션, 뷰티, 게임 분야로 확대되고 있다. 국가 브랜드 가치도 올라가 각종 한국산 제품에 대한 호감도가 높아지고, 국가 이미지도 좋아지고 있다는 조사 결과가 나왔다. 북한 핵이나 남북 관계로 인한 지정학적 불안 요인 때문에 예전에 갖고 있었던 '코리아 디스카운트'의 이미지가 한류 확산으로 문화 강국의 면모를 갖추면서 '코리아 프리미엄' 이미지로 업그레이드됐다.

나는 대한민국 신성장 동력으로 한류의 '다양화'를 이뤄야 한다고 기회가 있을 때마다 강조해왔다. 우리나라 한류는 산업화의 성공으로 마련된 사회적 하드웨어와 한류라는 소프트웨어가

선순환 구조를 이루고 있어, 이제는 한류 프리미엄 시대에 맞춰 한류의 다양화를 고민해야 한다.

이런 상황에서 KBS 뉴욕 특파원을 지냈던 저자가 해외 현지에서 발로 뛰며 취재했던 내용을 토대로 K팝의 성공 해법을 체계적으로 정리한 것은 매우 시의적절하고 필요한 저술 활동이다. 지금까지 K팝이 세계 시장에서 인기를 얻게 된 원인을 분석하는 작업이 부분적으로 있었다. 하지만 이 책 『K-POP 성공방정식』은 세계 대중문화의 중심지인 미국에서 저자가 특파원으로 직접 취재한 정보와 국내외 K팝 전문가를 상대로 인터뷰한 내용, 각종 자료 조사를 통해 K팝의 세계 진출 전략을 체계화한 작업의 산물이라 그 의미가 더욱 깊다.

추천의 글을 쓰자니 30년 전 뉴욕 특파원으로 활동하며 대중문화의 용광로와 같았던 현지를 취재했던 기억이 새롭다. 방송 기자로서 법조 분야와 청와대, 국회 등 일선을 취재하고 해외 특파원을 한 김철우 기자의 취재력과 날카로운 분석력이 K팝과 한국 문화 발전에 기여할 수 있을 것으로 기대한다.

앞으로도 K팝과 한류 콘텐츠의 세계무대 진출은 지속적으로 더욱 늘어날 것이다. 이런 상황에서 한류의 성공 전략을 체계적으로 다지는 작업은 꾸준히 이뤄져야 한다. 이런 시점에 K팝의 성공 전략을 모색해보는 이 책의 출간을 환영하며 많은 독자의 일독을 권하고 싶다. 이 책이 우리의 K팝 창조자와 젊은이들에게 균형 잡힌 심층 정보를 제공하면서 국제 무대 진출에 대한 꿈을 키우고 시야를 넓힐 수 있는 촉매 역할을 하길 바란다.

**경기대학교 총장(제19대 KBS 사장) 김인규**

## 추천의 글

이 책 『K-POP 성공방정식』은 세계 대중음악 시장에 우뚝 선 K팝의 역사와 저력, 전략에 관한 통찰력이 돋보이는 분석과 비전을 제시한다. 특히 대중문화의 본진이라고 할 수 있는 뉴욕의 특파원 생활과 오랜 기자 생활의 경험과 시각으로 우리 K팝에 대해서 쉽게 들을 수 없었던 이야기들을 매력적이고 정갈하게 담아내고 있다.

한국의 대중음악계에 평생을 몸담아왔고, 음반업계 대표 단체장을 했던 내게 K팝의 성장은 감격과 놀라움, 고마움을 동시에 느끼게 한다. 오랫동안 굳어왔던 약간은 낡고 딱딱한 고정관념을 저자가 특유의 시각과 이야기를 통해 조금씩 깨뜨리고 열어서 자극을 주었다.

이 책은 가요라 불리던 우리 대중음악이 K팝을 넘어 오리지널 팝으로서 세계에 당당히 나설 수 있다는 비전과 현실을 보여주는 동시에 더욱 발전할 수 있는 전략을 소개한다. 저자가 앞으로도 더 많은 연구와 흥미진진한 이야기를 전해주리라 기대한다.

앞으로 우리 대중음악이 세계적인 팝이 되어 흔들리지 않는 자리에 우뚝 서기를 바라며, K팝의 오늘이 있기까지 꿈과 재능을 엮어 세상으로 나아갔던 우리 아티스트들과 음반사, 기획사, 제작사, 녹음실, 미디어 등 모든 음악 가족에게 감사와 경의를 표한다.

**한국대중가요발전협회 회장 박경춘**

## 추천의 글

저자가 특파원 3년 임기를 마치고 뉴욕을 떠난 2020년은 지구촌 최대 고난의 시기였다. 그 가운데서도 미국은 코로나 환자와 희생자 규모에서 단연 최대 피해 국가로 떠올랐다. 그렇지만 K팝으로 대표되는 한류는 봉준호 감독과 BTS의 뛰어난 성과 덕분에 그야말로 절정기를 맞이했다. 봉준호 감독의 〈기생충〉은 아카데미 4관왕 자리에 올랐고, BTS는 뉴욕에 본사를 둔 NBC, ABC 등 미국 지상파를 누비면서 빌보드 차트 석권에 이어, 《타임》지 2020년 '올해의 연예인'으로 등극하는 영광을 누렸다.

저자가 이처럼 한류, 특히 K팝이 정점으로 치닫는 바로 그 시기에 흔히 기자의 꽃으로 불리는 특파원 활동을 이곳 뉴욕에서 펼쳤다. 그가 이 책을 쓰기로 작정한 것은 결코 우연이 아니었으리라 확신한다. 한국의 대중문화가 세계 경제와 문화·예술의 수도로 불리는 뉴욕에서 어떻게 뿌리내리고 빛을 발휘했는지 현장에서 지켜보았고, 이런 한국 문화의 성취가 계속되길 바라는 염원을 억누를 수 없었을 것이라는 생각에까지 미치게 된다.

한 나라의 대중문화가 국제 무대에서 생명력을 계속 유지하는 일이 쉽지 않다. 대량 소비, 글로벌 유통, 초단기 유행 시대의 콘텐츠 산업은 무서운 속도로 변화와 진화를 거듭한다. BTS 등 한국의 K팝 대표 주자들이야말로 이런 트렌드를 선도해왔고, 앞으로 당분간 그 역할을 할 것으로 기대된다. 바로 이런 관점에서 저자가 우리 대중문화에 던진 제안은 과감하면서도 시의적절한 것으로 보인다.

오랜 기간 장기적인 비전을 바탕으로 과감한 투자를 이끌어왔던 민간 분야뿐 아니라 정부의 부단한 지원, 방송 등 각종 미디어 관심은 강한 독창성과 뛰어난 기량을 겸비한 한류 예술인들에게 동반자 역할을 해왔음을 부인할 수 없다. 저자가 'Happening Place'인 뉴욕을 누비면서 체득한 '밖에서 본' K팝의 성공방정식은 K팝의 현주소를 정확히 짚어내고 앞으로의 이정표를 제시하는 동시에 국가 자산으로 자리매김한 한류의 지속 가능성을 우리 모두의 화두로 던지고 있다.

인류에게 가장 힘든 시기에 가장 따뜻한 위안과 용기, 희망을 준 한류와 K팝. 그래서 한국의 소프트파워가 어느 때보다 강했던 시기로 기억될 2020년. 그 순간순간을 현장에서 지켜볼 수 있었던 김철우 특파원은 '억세게 운이 좋은 기자'였음이 분명하다.

**뉴욕한국문화원 원장 조윤중**

들어가는 글

# 세계 대중문화 시장에 우뚝 올라선 K팝·K컬처의 저력

2020년, 전 세계는 코로나-19의 대유행으로 지금까지 경험해보지 못했던 혼돈의 시간을 보냈다. 미국 내에서 코로나-19 감염으로 인한 사망자가 30만 명을 넘어섰다는 충격적인 소식이 외신을 통해 타전됐다. 세계 경제가 1930년대 대공황 이후 최대 위기 상황이란 것을 생생하게 증언하는 경제 지표가 하루가 머지않고 쏟아져 나오고 있다.

동서고금의 역사를 통해 인류에게 시련의 시기가 닥쳤을 때 그나마 사람들에게 위안을 줬던 세계 대중문화계와 공연계도 코로나-19 여파의 직격탄을 맞았다. 미국 뉴욕의 대표적 문화 상품인 브로드웨이 뮤지컬은 2021년 5월 말까지 폐쇄를 연장한다는 방침을 밝혔다. 유명 팝 스타들의 라이브 공연도 전면 중단됐다. 사람들이 라이브 공연장을 가는 것을 주저한다는 설문 조사 보도도 언론을 통해 잇따라 전해졌다. 전 세계인들의 사랑을 받으며 잘나가던 미국의 프로 스포츠 시장도 2020년 한여름이 될 때까지 동면 상태에 빠졌다. 임시방편으로 경기 수를 줄이거나 개막 시기를 늦추며 스포츠 시즌의 명맥을 이어가려 했지만, 곳곳에서 코로나 팬데믹의 영향으로 삐걱거렸다.

이렇게 혹독한 한파가 몰아닥친 미국의 대중문화·스포츠 시장에서 꿋꿋이 버티며 꽃을 피운 인동초 같은 콘텐츠가 있었다. 바로 K팝과 K컬처, 한국 프로야구다.

K팝을 얘기할 때 이제는 빼놓을 수 없는 BTS가 세계 대중음악 시장에서 괄목할 만한 인기를 보여주며 한국 대중 가요사에 길이 남을 기록을 새롭게 써 나갔다. BTS는 유튜브 채널을 통해 전 세계 팬들을 상대로 24시간 언택트 공연을 선보였는데, 조회수가 5,000만 건을 훌쩍 뛰어넘었다. 전 세계 162개 지역에서 온라인으로 방탄소년단콘서트(방방콘)를 즐긴 동시 접속자가 최대 224만 명에 이르렀다고 소속사 빅히트엔터테인먼트(이하 빅히트)는 전했다. BTS의 영어 가사 싱글 곡 「Dynamite」가 한국 가수 최초로 빌보드 싱글 차트에서 2주 연속 1위를 차지했고, 우리말 가사로 부른 「Life Goes On」도 빌보드 '핫 100' 정상에 올랐다. SM엔터테인먼트(이하 SM)의 EXO, SuperM, NCT 127, YG엔터

테인먼트(이하 YG)의 BLACKPINK, JYP엔터테인먼트(이하 JYP)의 TWICE(트와이스) 등도 빌보드나 유튜브, 아이튠즈 조회 수 순위에서 상위권을 차지하면서 높은 인기를 얻고 있다.

상종가를 달리는 K팝의 인기만큼 또 다른 한국의 대중문화 콘텐츠도 미국 사회에서 주목받고 있다. 뉴욕 퀸즈 지역의 공립학교 교사들은 코로나-19 확산으로 집에서 온라인 수업을 받은 학생들을 위로하기 위해 한국의 예능 프로그램 〈복면가왕〉 포맷을 살려 온라인을 통해 각자의 장기를 학생들에게 선보였다. 봉준호 감독의 〈설국열차〉는 10회분 TV 드라마로 리메이크돼 전 세계 팬들을 찾아갔다.

여기에 코로나-19 영향으로 개막 시기를 한참 늦췄던 미국 프로야구 메이저리그를 대신해 한국 프로야구 KBO 리그가 미국 스포츠 전문 채널 ESPN을 통해 130개국에 방송돼, 미국 프로야구 팬들의 갈증을 채워줬다. 덕분에 한국 프로야구 선수들의 멋진 플레이가 야구의 본고장 미국 시청자들 사이에 화제가 됐고, 메이저리그 출신으로 한국 프로야구에 뛰는 외국인 선수들도 본국에서 다시 주목을 받는 기회를 얻었다. 메이저리그의 대표적인 선수들이 한국 프로야구 선수들의 플레이를 극찬하는 칭찬 릴레이가 펼쳐지기도 했다. 한국 프로야구가 세계적인 스포츠 콘텐츠가 된 것이다. 2020년 상반기 ESPN이 제작한 다큐멘터리 〈Last Dance〉를 통해 재조명받은 마이클 조던이 현역으로 뛰던 NBA에 열광하고, 박찬호·류현진 선수 등이 활약하는 미국 프로야구 메이저리그 경기를 보느라 밤잠을 설쳤던 한국 사람들에게 이보다 신나는 소식은 없을 것이다. 문화와 스포츠 분야뿐 아니라 국제 사회에서 대한민국이 코로나-19 방역도 모범적으로 처리했다는 평가를 받아, 한국에 대한 인지도와 신뢰도도 높아졌다.

이런 시기에 세계의 수도 '뉴욕'에서 특파원 생활을 할 수 있었다는 것은 큰 행운이었다. 3년 넘는 기간, 세계 대중문화의 중심지에서 한국 문화, K컬처가 주요 장르로 인정받는 순간을 두 눈과 귀로 목격할 수 있었다. 하드파워 이상의 영향력을 발휘하는 소프트파워를 한국이 갖게 되는 과정, K컬처의 큰바람이 세계 문화계에 영향력을 발휘하는 시기, 뉴욕 특파원으로 취재 현장에서 목격했던 상황과 K팝의 세계무대 진출 과정의 뒷얘기를 담담히 쓰려고 한다. 앞으로도 해외 시장 진출 성공을 모색해야 할 K팝 콘텐츠 창조자들과 K팝 가수 희망자들, 해외 무대에서 자신의 꿈을 펼쳐보려는 한국 청년들이 참고할 수 있는 'K팝 성공방정식'의 해법을 입체적으로 조명하고자 한다.

그동안 K팝의 성공과 관련해 다양한 자료가 나왔다. 하지만 현장의 K팝 종사자, 연예기획사 관계자, 미국 현지 팬들을 접하면서 취재한 내용, K팝 발전 방향에 대한 전문가들의 식견을 체계적으로 담은 서적을 보지 못했다. 이 책이 K팝과 한국 문화, 한국의 소프트파워가 세계에 큰 영향력을 발휘할 수 있는 토양의 자양분이 됐으면 하는 바람이다.

차 례

## Part 3

# K팝이 나아갈 방향

# PART 1

# K팝, 세계로 나아가다

POP

01

# 한국의 비틀스, 세계를 정복하다

2017년 11월 29일, BTS가 미국 ABC 방송의 간판 토크쇼인 〈지미 키멜 라이브〉에 출연했다. 유명 방송인이자 코미디언인 지미 키멜이 진행하는 생방송 프로그램인데, 저녁 시간대 미국 시청자들의 시선을 꽉 잡아놓고 있는 3대 최고 시청률 TV 토크쇼 중 하나다. 프로그램 인지도가 높은 만큼 마돈나, 스티비 원더와 같은 세계적인 팝 스타나 유명 연예인뿐만 아니라 오바마 전 대통령도 기꺼이 출연에 응했었다. 그래서 아시아에서 온 대중

가수, K팝 그룹이 출연한다는 자체가 미국 내에서도 큰 화제가 됐다.

그 시기는 내가 뉴욕 특파원으로 부임하고 넉 달이 조금 지난 때였다. 당시 역점을 두고 추진했던 사업 중 하나가 KBS와 ABC 방송사 간의 콘텐츠 교류 협약을 체결하는 것이었는데, 마침 두 방송사가 접점을 찾고 결실을 맺는 시기였다.

ABC 방송은 NBC와 함께 미국에서 시청률이 가장 높고 영향력이 큰 방송사다. 뉴스 부분에서 CNN이 뜨기 전까지 최고 권위를 자랑하고 있었고, 드라마나 각종 예능 프로그램도 미국 내 시청률 상위권을 점유하고 있는 미국의 대표 방송사다. 그래서 ABC 방송과의 콘텐츠 교류 자체가 KBS의 콘텐츠 영역을 넓힐 수 있을 뿐 아니라 한국 방송 발전에도 기여한다는 점에서 의미 있는 작업이었다.

우여곡절 끝에 ABC 방송과 콘텐츠 교류 협약을 체결한 후 첫 작품이 BTS의 〈지미 키멜 라이브〉 출연 영상을 단독 확보해 관련 소식을 국내 뉴스 시청자에게 전하는 것이었다. 나와 BTS와의 인연은 그렇게 시작됐다. 그때까지 나는 BTS의 음악 세계를 잘 알지 못했다. 대중음악에 관심은 많았지만, BTS 음악이 386 세대의 음악은 아니라고 생각했다. 하지만 미국의 유명 토크쇼에 K팝 그룹이 공연을 펼친다는 것 자체가 뉴스 아이템으로 충분히 가치가 있다고 생각해, BTS가 출연한 〈지미 키멜 라이브〉를 팬심이 아니라 기자가 취재하는 마음으로 밤늦게까지 시청했다.

그런데 BTS 출연 모습을 보고 7명의 멤버에 대한 생각이 크게 바뀌었다. 그들의 화려한 군무에 감탄했고, 팬들과 소통하는 모습에 감동했다. 라이브 무대에서 BTS는 「MIC Drop 리믹스」와 「피 땀 눈물」 「Save Me」 등 총 6곡을 선보였다.

아쉽게 본 방송에는 「MIC Drop 리믹스」만 나갔지만, 나머지 5곡은 방송 시작 전 유튜브를 통해 공개돼 BTS 멤버들의 숨소리 하나 놓치고 싶지 않은 팬들의 열망을 채워줬다. 여러 멤버가 일사불란하게 펼치는 절도 있는 군무와 화려한 퍼포먼스는 그날 앞서 출연했던 다른 출연자를 잊게 할 만큼 카리스마가 넘쳤다. 여기에 BTS의 무대를 보기 위해 이틀 전부터 자리를 잡고 있었던 팬 1,000여 명이 외치는 함성과 구호 소리는 프로그램을 더욱 후끈 달아오르게 했다.

서구권의 대중음악 '팝송', 특히 미국의 대중음악을 좋아했던 나는 출퇴근길, 자동차에서 '아이하트라디오iHeartRADIO' 등 미국 내 최신 팝 음악을 소개하는 FM 라디오 음악 방송을 자주 들었다. 당시 언론을 통해 BTS가 미국에서 폭발적 인기를 얻고 있다는 소식을 접했지만, 그때까지 라디오나 TV에서 BTS의 음악이 소개된 적은 거의 없었다. BTS 음악이 미국 라디오 방송에서 잘 소개가 되지 않는 이유가 궁금했는데, 뉴욕에 있는 대중음악 전문가는 내게 이렇게 말했다. "BTS의 음악이 영어나 스페인어 가사가 아닌 한글 가사여서, 미국 라디오 방송 청취자들이 많이 요청하지 않기 때문"이란 것이다.

그렇지만 〈지미 키멜 라이브〉에서 BTS의 한글 노래는 미국 팬들에게 아무런 장벽이 되지 않았다. 팬들은 한글 가사를 어려움 없이 따라 불렀고, 공연 중간에 자신이 좋아하는 멤버의 한글 이름을 소리 높여 외쳤다. 그 순간만큼은 토크쇼 프로그램이 아니라 BTS의 미니 콘서트장이 됐다.

나는 BTS의 당당한 퍼포먼스에 큰 감동을 느껴 자정이 넘어 프로그램이 끝난 뒤에도 잠을 잘 수 없었다. K팝이 미국 대중음악 시장에서 성공할 수 있다는 확신도 생겼다. 그래서 ABC에 BTS의 출연 영상을 요청해 받은 뒤 밤을 새워 뉴스로 제작해 기쁜 마음으로 방송했다.

당시 BTS는 ABC 방송뿐 아니라 NBC, CBS 등 미국의 3대 방송 토크쇼에 모두 출연했다. 미국의 주류 방송 매체들이

'BTS 모시기 경쟁'을 했다고 하는 것이 정확한 표현일 것이다. NBC의 〈엘런 드제너러스 쇼〉도 당시 BTS가 출연했던 프로그램 중 하나다. 이 프로그램 역시 미국 내에서 15년째 낮 시간 방송 중 최고 시청률을 자랑하는 유명 토크쇼다. BTS는 〈엘런 드제너러스 쇼〉에서 노래 가사에 담긴 메시지와 팬클럽 '아미'에 대한 의미 등 이야기를 나눴다. BTS 멤버 가운데 영어를 가장 잘했던 RM은 시트콤 〈프렌즈〉를 통해 영어 공부를 했다는 에피소드를 소개하기도 했다.

BTS가 출연한 분량은 라이브 무대와 토크를 포함해 10분 정도였는데, 멤버들에게 환호성을 지르고 눈물을 글썽이는 미국 팬들의 모습도 고스란히 전파를 타서 BTS의 미국 내 인기를 느낄 수 있었다. 특히 BTS가 무대에 등장할 때 토크쇼 진행자인 엘런 드제너러스가 흥분된 목소리로 환호성을 지르며 했던 멘트가 내 귀에 강렬히 꽂혔다.

Can you believe what has happened? It's like when they got to LAX, it was like the Beatles were here.
무슨 일이 일어났는지 믿을 수 있겠어요? 그들이 LA공항에 도착했을 때, 비틀스가 여기 있는 것과 같았어요.

그렇다. 그녀의 말처럼 '한국의 비틀스' '21세기의 비틀스' BTS가 미국 대중문화 시장에 우뚝 서는 순간이었다.

## 대중문화의 힘은

나는 팝송 마니아다. 빌보드 차트나 국내 차트 순위에 올라간 최신 음악에 자연스럽게 관심이 가고, TV나 라디오에서 쏟아져 나오는 다양한 형태의 음악 프로그램에 관심이 많다. 내가 40년 가깝게 팝송 마니아가 될 수 있었던 기폭제는 1984년(당시 중학교 2학년) FM 라디오를 통해 흘러나오는 F. R. 데이비드의 「Words」란 곡이었다. 그의 달콤한 보컬에 신시사이저 반주의 풍성한 음량, 부드럽고 편한 멜로디, 비교적 쉬운 영어 가사가 '사춘기'의 감성을 자극했다.

그렇게 시작된 팝송 사랑은 성장기에 큰 영향을 줬다. 잠에서 깨자마자 라디오를 통해 미국의 하드록 밴드그룹 포리너Foreigner의 「I wanna know what love is」를 듣고 그 감동을 종일 가슴속 깊이 담고 다녔다. 당대의 최고 실력파 뮤지션이 합류해 결성됐던 영국의 슈퍼 록그룹 아시아Asia의 풍성하고 화려한 사운드에 매료돼 「Don't Cry」 등 히트곡을 하루에 100번 넘게 듣는 게 다반사였다. KBS에 입사한 후 취재 활동 등으로 바빠서 팝 음악을 듣는 횟수가 줄었지만, 40년이 지난 뒤에도 라디오나 TV 또는 카페 등에서 10·20대 시절 애창곡을 접하면 그 감동이 다시 솟아오른다. 이게 바로 대중문화의 힘이다.

많은 방송사가 1980~1990년대 유행 음악을 따로 편성한 성인 음악 채널을 만들고, 드라마 '응답하라' 시리즈가 시청자들의 사랑을 받는 것도 이 때문이다. 많은 사람은 오래전 큰 감동을 느꼈던 음악이나 영화·드라마·책 등을 우연히 다시 접하면, 자기도 모르는 사이 과거의 추억을 소환해, 마치 타임머신을 타고 콘텐츠를 처음 접했을 때로 돌아간 것 같은 느낌을 맛본다.

이런 대중문화의 힘을 미국의 정치학자 조지프 S. 나이는 책 『Bound to Lead』(1989)에서 소프트파워란 개념으로 정리했다. "국제 사회에서 경제력을 사용하지 않고 목적을 달성할 수 있는 능력"이라고 정의[1]하면서 미국 정치 체제, 인터넷, CNN, 하버드대학, 맥도널드, IMF 등이 21세기 미국의 힘이라고 주장했다. 조지프 나이는 군사력과 경제력이 하드파워라면 소프트파워는 국

1 조지프 S. 나이(Joseph S. Nye) 지음, 홍주원 옮김, 『소프트파워』, 세종연구원, 2004.

가적 가치관, 정보 통신, 교육기관, 문화의 수출을 통한 의제 설정 능력에서 나온다고 주장했다. 이런 소프트파워, 대중문화의 힘은 세계의 젊은이들에게 자석 같은 힘을 행사한다.

K팝과 한국 음식, 한국 드라마, 한국의 가전제품이 세계 곳곳에 살고 있는 사람들에게 익숙해지면서, 한국은 이제 세계 젊은이들에게 낯선 국가가 아니다. 다양한 한류 콘텐츠를 통해 세계가 하나가 되고, 이런 것을 통해 한국의 문화 역량이 커가고 있다. 대중문화의 힘은 어떤 산업보다 영향력이 크고 확장력도 좋다. 수치로 환산할 수 없을 정도의 파괴력까지 갖고 있다.

최근 K팝에 열광하며 한국어 가사를 따라 부르고, 춤추는 전 세계 10·20대 청년들이 한국을 좋아하는 '친한親韓 세력'이 되어가고 있다. K팝에 매료된 외국의 젊은이들이 한국을 더욱 잘 알기 위해 우리나라를 찾고, 누가 시키지도 않았는데 한국어와 한국 역사를 배우고 있다. 꼭 한국에 오지 않더라도 K팝을 사랑하는 청년들이 20~30년 뒤 K팝과 한국에 대해 어떤 생각을 하게 될지 상상만 해도 기분이 좋다.

맨해튼에 있는 코리아소사이어티의 K팝 담당 오정하 디렉터는 이와 관련해 "BTS의 성공으로 미국 내 K팝 인기는 한국에서 생각하는 것 이상의 수준"이라고 말했다. "최근 현지 미국인들도 코리아소사이어티나 한국문화원에 인턴을 많이 희망하는데, 그들이 한국에 관심이 생긴 이유는 100% K팝 때문"이라고 했다. 오정하 디렉터는 10·20대 초반에 K팝을 사랑했던 사람들이 30·40대가 되어서도 K팝에 관심을 쏟고 소비하면 미국뿐 아니라 세계 대중문화 시장에서 한국 문화의 위상이 크게 달라질 것이란 견해를 밝혔다. K팝이란 한국의 소프트파워가 세계무대에서 우리 문화를 과시할 수 있는 자양분이 되고, 한류의 영향력이 지속적으로 뻗어갈 수 있는 단단한 축이 된다는 얘기다.

02

# K팝을 분석한다

세계무대에서 K팝의 성공 스토리를 써 내려가기 위한 해법을 찾는 긴 여정을 떠나기에 앞서 우리는 K팝의 맨얼굴, 즉 K팝이 무엇인지 알아보려고 한다. K팝이란 용어가 탄생하게 된 배경과 K팝의 특징, K팝이 세계 대중음악 무대에 도전했던 과정을 개괄적으로 살펴보는 작업이다. 본격적으로 K팝의 성공방정식을 풀기 전에 먼저 기초 체력을 닦는 워밍업 단계 정도로 이해하면 좋다.

## K팝이란

K팝이란 Korean Pop 또는 Korean Pop Music의 줄임말로 대한민국의 대중음악을 총칭하는 용어다. 대한민국에서 대중적 인기를 얻는 유행 음악을 말하는데, 간단히 한국 가요라 부르기도 한다. 우리는 흔히 영미권의 대중음악을 팝Pop이라 한다. 여기에 영미권 이외 국가의 대중가요에 국가 이니셜을 붙여 명명하는 데서 K팝이란 단어가 탄생했다. 1960년대 중반, 비틀스를 필두로 영국 대중음악 가수들이 두 차례에 걸쳐 미국 시장에 대거 진출하면서 브리티시 팝이란 용어가 만들어졌고, 1970년대 일본의 대중음악이 해외로 확산되면서 J팝이란 용어도 회자됐다. 유럽과 중남미 가수들의 유럽 팝, 라틴 팝 등도 꾸준히 세계 대중음악 무대에서 주목받았다가 사라지기를 반복했다. K팝이란 용어도 이렇게 해서 만들어졌다.

그런데 세계 유수의 국가 중 국가 이니셜이 붙어 그들의 대중음악이 소개되는 경우가 얼마나 될까? 열 손가락 안에 꼽을 정도로 생각보다 많지 않다. K팝이 당당히 그 안에 들어 있고, 현재 세계 대중음악계의 트렌드를 주도하고 있다. 우리가 자부심을 느낄 만한 일이고, 적극적으로 키워야 할 의무도 있다.

세계 각국의 팝 명칭(국가 이니셜+Pop)

| | |
|---|---|
| 영국 대중음악 | British Pop |
| 일본 대중음악 | J PopJapanese Pop |
| 유럽 대중음악 | 유럽 팝European Pop |
| 중남미 대중음악 | 라틴 팝Latin Pop |
| 한국 대중음악 | K PopKorean Pop |
| 중국 대중음악 | C PopChinese pop |
| 인도네시아 대중음악 | I PopIndonesian Pop |
| 배트남 대중음악 | V PopVietnamese pop |

그런데 K팝이란 용어가 국내에서 만들어진 것은 아니다. 해외에서 만들어진 뒤 국내로 역수입됐다. 1990년대 후반에서 2000년대 초반, 일본에서 H.O.T.를 필두로 한국 아이돌 그룹과 솔로 가수의 음악이 유행했다. 이런 상황이 되자 일본 사람들은 J팝과 구분하기 위해 K팝이란 명칭을 만들어 썼는데, 그것이 K팝이란 용어의 출발이다.[2] 그래서 국내 대중음악 전문가들은 해외에서 인기를 얻고 소비되는 대한민국 대중가요를 가리켜 K팝이라 정의한다. 산업연구원이 발표한 보고서 「K-pop의 경쟁력 강화를 위한 정책 방안」(2015)에서 K팝에 대해 "해외에서 화제

2 김서민, 『케이팝의 작은 역사』, 글항아리, 2018, 89쪽.

를 불러일으키고 소비되는 아이돌 그룹의 음악"이라 정의를 내리는 것도 궤를 같이하는 얘기다.

한편으로 K팝은 음악의 특성이나 장르로 정의되는 것이 아니라 음원·음반·공연·방송 등 다양한 형태로 해외에서 소비되는 한국 대중문화 콘텐츠로 정의될 필요가 있다.[3] 해외 미디어들이 평가하고 있듯이 K팝은 예전에 없었던 개성과 새로움을 가진 콘텐츠로서 초국가적 개성을 소유하고 있는 문화 수출 상품이다. 최근에는 해외 현지에서 한국적인 가수 양성 시스템을 통해 만들어진 K팝 아이돌 그룹이 속속 등장해 대중음악계에서 주목을 받고 있다. 아울러 지금까지 힙합과 댄스 음악 위주였던 K팝이 록과 국악 등 다양한 장르의 음악 콘텐츠까지 선보이면서 K팝의 범위가 확장될 가능성이 더 크다.

## K팝의 특징

K팝의 특징은 단순하고 경쾌한 리듬, 따라 부르기 쉬운 멜로

3 최봉현·박지혜, 「K-Pop의 경쟁력 강화를 위한 정책 방안」, 산업연구원, 2015, 10쪽.

디, 흥미로운 노랫말, 완성도 높은 댄스 실력으로 무장한 아이돌 그룹 멤버들의 화려한 군무로 요약될 수 있다. 음악 장르로 보면 크게 최신 트렌드의 댄스 음악, EDM, 하우스 음악이 가장 큰 지분을 차지한다. 여기에 록 음악과 힙합, 미디엄 템포의 발라드 계열의 음악도 있다. 반드시 한국인이 불러야 K팝이라는 법은 없다. 그러나 대체로 대한민국에서 만들어져서 한국어가 들어가고 한국인들이 즐겨 소비하는 가요가 K팝이라는 견해가 넓게 받아들여진다.

2017년 말, BTS가 아메리칸 뮤직 어워드AMA: American Music Award 무대에서 라이브 공연을 하기 전 NBC의 연예 프로그램 〈Hollywood Access〉와 인터뷰를 했는데, 당시 RM이 K팝의 특징을 이렇게 설명했다.

> K-pop is like a comprehensive gift set. Make your own music, cool music videos and choreography, make the most of social media, and even show high fashion.
> K팝은 종합 선물 세트와 같죠. 음악을 직접 만들고, 멋진 뮤직비디오와 안무도 있고, 소셜 미디어를 최대한 활용하고, 하이패션까지 보여주죠.

여기서 주목할 만한 부분이 있다. 우리는 음악을 귀로 듣는 콘텐츠로 생각하는데, RM은 K팝을 뮤직비디오나 라이브 공연을 통해 보고, 소셜 미디어 등을 통해 팬들과 소통하는 콘텐츠로 소개했다는 점이다.

영화나 다른 대중문화 콘텐츠처럼 K팝도 종합 예술이다. 가수의 음악 하나로 유통되는 것이 아니라 다양한 요인이 복합적으로 작용하는 문화 상품이다. 수준 높은 가사와 편곡, 화려한 퍼포먼스란 문화예술 분야와 정보통신기술을 적극적으로 결합시켜 단순히 듣는 음악을 뛰어넘어 '보는 음악의 시대'에 부응했다.[4] 특히 기술 영역의 무한 확장성이 빼어난 가창력과 뛰어난 안무 실력을 겸비한 아이돌의 매력과 결합해 K팝은 세계 대중문화 시장에서 막강한 브랜드 이미지를 갖게 됐다. 소셜 미디어를 통해 긴밀하게 팬들과 유대 관계를 맺으면서 국경을 초월한 팬덤도 만들어졌다.

K팝의 특징을 논하는 것과 관련해 맨해튼에서 열린 한 K팝 세미나를 소개하려 한다. 내가 뉴욕 특파원으로 있던 기간, K팝의 성공 요인을 분석하는 세미나가 맨해튼 곳곳에서 열렸다. 이

4 이장우, 『K-Pop 이노베이션』, 21세기북스, 2020, 24쪽.

2019년 6월 19일, 코리아소사이어티가 주최한 세미나 'A Conversation on K-Factor'가 열렸다. © 코리아소사이어티

가운데 2019년 6월, 뉴욕한국문화원이 링컨센터와 공동 주최한 K팝 공연 'K-Factor: K팝에 대한 음악적 탐색'을 앞두고, 코리아소사이어티가 주관한 세미나에서 K팝의 특징에 대해 가닥을 잡을 수 있었다. 당시 세미나의 패널로 K팩터 공연을 기획한 대중음악 컨설턴트 야곱 도르프, SM 이성수 이사, 한때 한국에서 발라드 가수로 인기를 얻다가 현재 뉴욕에서 변호사로 활동하고 있는 이소은이 참석했다. 이 자리에서 이성수 이사가 K팝의 특징에 대해 언급한 내용이 매우 흥미로웠다.

이성수 이사는 K팝이 4분 안에 모든 장르의 음악을 동원해 스토리텔링을 극대화한 짜임새 있는 구성의 콘텐츠라고 정의를 내렸다. 한 명의 뛰어난 가수가 여러 곡을 소화할 수 있지만, K팝은 여러 가수가 등장해 음악 소비자가 지루해할 틈을 주지 않게 하려는 전략을 구사하고 있다고도 했다. 음악 소비자의 흥미를 끊임없이 끌기 위해 여러 멤버의 일사불란한 군무도 나오고, 클래식에서 힙합, 헤비메탈, 로큰롤 등 장르를 넘나드는 음악을 묶어 한 편의 뮤지컬이나 오페라 같은 콘텐츠를 만든다는 것이다. 이성수 이사는 "K팝의 창조자들이 K팝을 음악의 한 장르란 생각을 뛰어넘어 콘텐츠 창조자란 생각으로 작업하고 있다. 한국 음악의 좋은 점을 극대화해 해외 시장에서 보여줘야 할 가치를 더 강화하고 산업화하기 위해 많은 고민을 하고 있다"라고 했다. 다음은 이성수 이사가 한 주요 발언이다.

> 미국의 블록버스터 영화 〈어벤져스〉에서 보면 여러 액션 히어로의 활약상을 보여주며 관객들의 주목을 끈다. 6명의 히어로가 등장해 짧은 시간 안에 여러 시퀀스를 보여주는데, 아이언 맨 홀로 나와 활약하는 것보다 관객들에게 더 높은 흥미를 끌 수 있다.
>
> 잔잔한 감정선을 보여줄 멜로 드라마나 발라드 음악에는 여러 가수가 등장하는 것이 적절하지 않고, 댄스 음악은 여러 가수가 등장해

재미있게 만들려고 노력을 한다. 댄스 뮤직을 흥미롭게 만들기 위해 여러 장르를 적절하게 섞어 음악 소비자의 긴장감을 살린다.

이성수 이사는 세미나에서 SM에서 발표한 곡들을 실례로 제시하며 K팝의 특징을 설명했는데, 이것은 K팝의 특징과 관련해 독자들의 이해를 도울 만한 자료다.

【사례 1】 H.O.T.의 히트곡 「아이야」(1999년 9월 발매)

클래식 선율로 시작한 뒤 강렬한 기타 리프(반복되는 짧고 간단한 음악 소절), 이후 이어지는 헤비메탈 음악의 샤우팅, 본격화되는 댄스 음악, 다시 메탈 → 발라드 → 댄스 브레이크 → 댄스 → 헤비메탈 샤우팅으로 곡이 끝난다. 4분 30초 동안 많은 장르를 넣어 음악 이용자들이 지루할 틈을 주지 않도록 만들어졌다. 1절과 2절에도 하모니와 안무에 미세한 변화를 줘서 듣고 보는 재미를 최대한 선사하도록 구성했다.

【사례 2】 소녀시대 「I Got A Boy」(2013년 1월 발매)

음악의 템포 변화BPM Change: Beats Per Minute Change를 통해 곡의 긴장감을 높였다. 한 곡만 들어도 여러 곡을 들은 느낌이 들 만큼 다채로운 리듬을 한 곡에 담았다. 첫 데모곡도 6번 이상 변화가 있도록 작곡됐는데, 이후 변화를 더 많이 줘 탄생한 곡이다.

## K팝, 세계 팝 시장 도전의 역사

K팝이 세계 팝 시장에 도전한 역사는 지금으로부터 20여 년을 거슬러 올라간다. 1990년대 후반 정보통신기술의 발달로 국내 대중음악계와 음반 시장은 큰 위기에 봉착한다. 국내 음악 시장 규모가 미국이나 일본 시장 등 해외 시장에 비해 크지 않은 상황에서, 음악 콘텐츠 소비가 음반 중심에서 음원 파일 중심으로 바뀌었다. 소리바다 등 음원 파일을 유통하는 플랫폼이 음반 판매를 위협했고, 음악 파일 불법 다운로드가 성행해 당시 음악 시장의 유통 질서가 큰 혼란에 빠졌다.

이때 K팝의 선구자들은 해외 시장으로 눈을 돌려 일본·타이완·중국 진출을 모색했다. 당시에도 이들은 세계에서 가장 큰 음악 시장이자 현대 대중음악의 본고장인 미국 시장 진출을 원했다. 하지만 차마 엄두를 내지 못했고, 아시아 지역 진출을 위한 단계적 전략을 수립해 도전장을 내밀었다. 선두 주자는 SM이었다. 2000년대 초반, 일본 시장 진출을 목표로 현지화 전략을 마련했다. 일본 현지 회사인 에이벡스와 합작해 일본 작곡가의 곡을 받아 일본 기획사에서 일본어 노래로 앨범을 냈다. 대표 가수가 보아다.

SM은 만 10세의 초등학생 보아를 캐스팅한 뒤 '신비 프로젝트'란 기획을 통해 해외 시장 진출 1호 가수를 양성하는 작업을 시작했다. 트레이닝을 거쳐 탄탄한 가창력과 파워풀한 춤 실력을 기르고 일본어·영어 등 3개 국어를 유창하게 구사할 수 있는 상품을 만들어 2000년 8월 솔로 가수로 데뷔시킨다.

2020년에 데뷔 20주년을 맞은 '아시아의 별' 보아를 육성하기 위해, SM은 무려 30억 원을 쏟아부었다고 한다. SM은 막대한 공을 들여 보아의 해외 시장 진출을 차곡차곡 진행하면서도 철저한 신비주의 전략을 썼다. 일본 대중음악 시장에서 성공하기 전까지 보아의 국적이나 신상을 철저히 베일에 가린 채 작업을 진행했다. 그래서 일본 대중은 보아의 인기가 높아지기 전까지 그가 한국인이라는 것을 전혀 몰랐다. 보아는 2002년 한국 가수로는 처음 일본 정규 앨범이 오리콘 앨범 차트 1위에 오르면서 100만 장 판매를 기록했다. 가수 보아의 성공으로 2000년대 후반 K팝 아이돌 그룹들의 해외 진출이 가속화됐다.

보아에 이어 동방신기(TVXQ!), 슈퍼주니어, 빅뱅(BIGBANG), 소녀시대, 카라(KARA)가 1세대 한류 아이돌이라면 2PM이나 2NE1(투애니원), 인피니트(INFINITE), 틴탑(TEEN TOP)은 후발주자로 나서 한류 열풍에 불을 지폈다.

국내 연예기획사들은 해외 현지에 지사를 두고 국내에서 인기 있는 아이돌의 음악을 현지에서 프로모션하는 방식으로 현지화 전략을 진화시켰다. 가수들이 해외 무대에서 자신들의 히트곡을 한국어로도 부르지만, 현지 언어로 가사를 바꿔 부르기도 했다. 진출하려는 국가의 현지 국적 멤버들을 한두 명씩 포함시켜 현지 대중문화 시장에 '연착륙'하는 데 활용하기도 했다. 진출하려는 나라에 자신들을 소개하기가 더 수월했기 때문이다. 이런 방식으로 2000년대 후반부터 2PM, 슈퍼주니어 등이 중국·태국 등에서 큰 인기를 끌었다. 그러나 이때까지도 K팝의 인기는 일본·중국·동남아시아에만 머물렀다.

아시아 대중음악 시장 바깥에서 K팝의 가능성을 보여준 사건이 2011년 6월 SM 소속 가수들의 합동 공연 'SM 타운 라이브SM Town Live' 프랑스 파리 공연이었다. 이 공연이 일찍 매진되면서 표를 구하지 못한 유럽 여러 국가의 K팝 팬들이 루브르박물관 앞에서 슈퍼주니어의 춤을 플래시몹으로 재현한 것이 큰 화제가 됐다. 이는 K팝이 동아시아가 아닌 지역에서도 팬을 늘려가고 있음을 드러낸 상징적인 사건이었다.

유독 미국 음악 시장의 벽은 높았다. 2008년부터 K팝 가수들은 미국 팝 시장의 문을 두드리기 시작했다. 당시 국내에서 최고 인기를 얻었던 소녀시대, 카라, 비, 원더걸스, 보아, 2NE1 등이 미국 시장 진출을 시도했다. 하지만 모두 빌보드 차트 상위권에 오르는 데 실패했다. 보아가 2009년 빌보드 200 차트에서 127위에 오르고, 2014년 2NE1이 같은 차트 61위에 진입한 것에 그쳤다. 이후 2012년 싸이의 「강남스타일」이 미국 빌보드 싱글 차트 2위를 기록하면서 K팝이 전 세계인들의 시선을 받는 계기가 됐으나, 지속적으로 인기를 얻는 데 실패했다.

한국 문화에 대한 공감이 어려운 미국이나 유럽 지역에서 K팝 1세대 한류 아이돌 그룹(1.5세대 아이돌 그룹 포함)이 획일화된 콘텐츠와 상업성에만 치중한 활동을 해 인기가 주춤해질 수밖에 없었다. 준비가 덜된 상태에서 한 달에 두세 번씩 해외 공연을 강행하다 보니 아무리 좋아하는 가수라도 팬들은 또 보러 오지 않는 상황이 됐다.

노래 실력을 키우기보다는 공연의 질을 떨어뜨리는 선정적이고 노골적인 퍼포먼스에 주력한 것도 해외 진출에 독이 됐다. 여기에 주기적으로 반복되는 일본의 반한反韓 감정이나 중국의 혐한류嫌韓流 정서 등 역사·정치적 이해관계로 인한 인기의 급등락도 K팝 1세대의 세계 시장 진출을 막는 장벽이 됐다. 이런 K팝 1세대의 한계는 탄탄한 실력에, 소셜네트워크서비스 등을 통한 지속적인 소통으로 만들어진 팬덤을 바탕으로 세계무대 중심에 다시 올라선 K팝 2세대에게 큰 교훈이 됐다.

03

# 세계 팝 시장의 한 장르로 우뚝 올라선 K팝

BTS, BLACKPINK, SuperM 등 K팝을 대표하는 아이돌 그룹의 음악이 빌보드 차트 등 각종 순위 차트에서 상위권을 차지하며 세계무대에서 K팝 르네상스 시대의 서막을 알렸다. K팝은 기존에 없는 개성과 새로움을 가진 콘텐츠로 세계 대중음악 시장의 주류로 떠올랐다.

그러나 이런 K팝의 성공이 어느 날 갑자기 등장한 행운은 아니다. 수많은 도전의 결과였고, 그 도전은 지금도 계속되고 있다.

세계 팝 시장의 한 장르로 우뚝 올라선 K팝의 현주소와 이에 따른 경제적 가치 등을 살펴본다.

## 세계 유튜브 대중음악 시장 장악, 3대 K팝 그룹

최근 K팝이 세계 대중음악 시장에서 인기 상종가를 달리는 데 큰 기여를 한 것은 K팝 가수들의 실력뿐 아니라 전 세계를 하나로 묶은 인터넷 환경과 첨단 정보통신기술이다. 다양한 디지털 환경은 K팝을 듣는 음악에서 보는 음악으로 확장시켰고, 정보통신기술과 소셜 미디어를 통해 국경을 초월한 팬덤을 만들며 K팝 브랜드를 공고하게 했다. 특히 K팝이 세계 시장에 진출하는 데 혁혁한 공을 세운 매체가 '유튜브'다.

K팝 팬덤연구소 '블립'[5]이 유튜브의 데이터를 분석한 내용을 보면 K팝의 세계 진출 현황과 특정 지역의 인기도를 한눈에 알 수 있다. 블립은 2018년 7월 1일부터 2019년 6월 30일까지 K팝 아티스트 76팀의 유튜브 데이터를 조사했다.

---

5 음악 스타트업 스페이스오디티(Space Oddity)가 K팝의 팬덤 추세 연구를 위해 설립한 연구소.

그 결과 BTS가 55억 뷰를 돌파하며 한국 가수 최다 기록에 올랐다. 해당 기간에 BTS는 총 25편의 억대 뮤직비디오를 보유했는데, 「DNA」는 10억 뷰 고지를 밟았고, 「작은 것들을 위한 시(Boy With Luv)」는 8억 뷰, 「On」 「Black Swan」은 1억 뷰를 넘어서는 인기를 보여준 것으로 나타났다.

BLACKPINK도 5억 뷰 뮤직비디오 6편을 보유하며 K팝 걸그룹 최다 기록(45억 뷰)을 세웠다는 조사 결과도 나왔다. 「뚜두뚜두(DDU-DU DDU-DU)」가 12억 뷰에 육박했고, 「붐바야」도 9억 뷰에 가깝다고 했다. TWICE는 데뷔곡 「OOH-AHH하게」부터 「MORE & MORE」까지 13곡을 연속 히트시키며 20억 이상의 유튜브 조회 수를 기록했다고 한다.

이들 3대 그룹에 이어 유튜브 조회 수가 높은 K팝 그룹은 모모랜드(조회 수 11억), EXO(조회 수 10억)로 집계됐다. 아이즈원, 세븐틴, Stray Kids(스트레이 키즈), ITZY(있지)도 억대의 유튜브 조회 수를 기록하고 있는 것으로 조사됐다.

블립은 지역별 유튜브 인기 판도도 분석했다. BTS는 미국과 유럽, BLACKPINK는 북미와 아시아 지역, TWICE는 아시아를 중심으로 팬덤이 활발한 활동을 하고 있는 것으로 나타났다. 이 3개 그룹이 만들어낸 조회 수는 K팝 전체의 35%가량을 차지한 것으로 조사돼, 엄청난 글로벌 파급력을 수치로 확인할 수 있었다.[6] 태국 출신 멤버 리사가 속한 BLACKPINK는 인도네시아·태국·필리핀 순으로 인기가 높았고, 일본 멤버들이 포진한 TWICE는 일본·한국·필리핀 순으로 유튜브 조회 수가 높게 집계됐다. 또 K팝의 확산세가 북미 지역과 일본·중국·동남아시아 지역뿐 아니라 멕시코와 브라질·아르헨티나 등 중남미 지역, 중동 국가와 남유럽, 북부 아프리카까지도 가속화되는 것을 확인할 수 있었다. 이런 상황은 K팝의 음반 수출 현황 통계에서도 확연히 나타난다.

관세청 조사에 따르면 2020년 K팝 음반 수출국이 2017년 78개국에서 2020년 114개국으로 늘었다. 전체 음반 수출액에서 아시아 이외 지역이 차지하는 비율도 7.4%에서 24.2%로 급증했다. 일본이 여전히 K팝의 최대 시장이지만, 미국에 수출한 액수(1,708만 달러)가 117% 증가하며 중국(1,552만 달러)을 제치고 둘째로 큰 K팝 시장으로 떠오른 것도 주목된다.

유튜브나 틱톡 등 다양한 소셜네트워크서비스 플랫폼에서 K팝 등이 높은 주목을 받으면서 세계에서 공신력을 인정받는 음

6 황지영, 「방탄소년단-블랙핑크-트와이스, K팝 이끄는 유튜브 삼대장」, 《중앙일보》, 2020년 6월 24일.

악 순위 선정 기관에서 새로운 차트를 선보이고 있다. 미국《빌보드》지가 2020년 9월부터 새롭게 선보인 '글로벌 차트'[7]가 대표적인데, 이 기록에서도 유튜브 시장을 장악한 K팝 그룹들의 인기가 확인된다.

BTS의 「Dynamite」가 이 차트 첫 주 집계에서 2위에 올랐다. 「Dynamite」는 전 세계적으로 스트리밍은 8,340만 회, 다운로드를 통한 음원 판매는 3,600건 이뤄진 것으로 집계됐다. 이어 BLACKPINK와 셀레나 고메즈가 함께 부른 「Ice Cream」도 '빌보드 글로벌 200'에서는 8위, '빌보드 글로벌(미국 제외)'에서는 6위를 기록했다.

《빌보드》지가 굳이 미국과 다른 지역을 나누는 차트를 신설한 것을 두고 다양한 해석이 나왔지만, 분명한 것은 K팝이 주도하는 세계 음악 트렌드가 미국 대중음악계와 미국 현지 팬들에게 적지 않은 영향을 주고 있다는 것이다.

---

7 《빌보드》는 2020년 9월 14일, 주간 차트인 '빌보드 글로벌 200(Billboard Global 200)'과 '빌보드 글로벌(미국 제외)(Billboard Global Excl. U.S.)' 차트를 새롭게 선보인다고 밝혔다. '빌보드 글로벌 200' 차트는 세계 200여 개 지역에서 수집한 스트리밍과 음원 판매 수치를 기반으로 미국을 비롯한 전 세계에서 가장 인기 있는 노래 순위를 집계한다.

## 미국 서점·음반 가게에서 부는 K팝 열풍

K팝은 세계 대중문화 시장에서 대표적인 '한류Korean Wave' 콘텐츠다. 한류란 용어는 1990년대 후반 본격적으로 등장했다. 한국의 대중음악이나 TV 드라마, 영화, 컴퓨터 게임 등 문화 콘텐츠가 일본이나 중국, 동남아 지역으로 전파돼 널리 소비되는 현상을 말했다.

시작은 드라마였다. 중국 CCTV에서 방영돼 인기를 끌었던 드라마 〈사랑이 뭐길래〉나 〈의가형제〉 등이 한류 열풍의 싹이었고, 2000년대 초반 〈겨울연가〉를 통해 일본의 중장년층을 중심으로 생긴 '욘사마 신드롬'이 1차 한류라 할 수 있다.[8] 한국 가요계도 2000년대 보아에 이어 동방신기 등 한국 아이돌이 해외 시장에서 인기를 얻기 시작하면서 신한류 열풍이 젊은 층으로 확산됐다. 이처럼 한류 콘텐츠는 아시아권 시장에서 고무적인 흥행을 거뒀지만, 유럽과 북미 지역에서는 소수의 마니아층만이 좋아하는 수준에 그쳐 아쉬움을 남겼다. 국내 문화계 전문가들도 한국의 문화 콘텐츠가 일본·중국·동남아 지역에서 사랑받

---

8 이장우, 『K-Pop 이노베이션』, 21세기북스, 2020, 46쪽.

맨해튼 중심가 서점의 K팝 코너에 전시된 BTS, EXO 화보집.

는 특수한 문화 소비 형태 정도로 생각했다.

그런데 상황이 바뀌었다. 2012년 싸이가 「강남스타일」로 K팝의 세계적 열풍의 불씨가 됐고, 2017년 이후부터는 BTS와 BLACKPINK 등의 노래에 전 세계 팬들이 열광했다. 이런 상황이 되면서 문화 상품의 가장 큰 소비 시장이라 할 수 있는 미국에서도 K팝과 K무비 등 각종 한류 콘텐츠가 하나의 거대한 문화 현상으로 자리 잡았다. 맨해튼의 대형 서점 한복판에 K팝 코너가 당당히 차지하고 있는 것이 대표적인 사례다.

특별히 마련된 K팝 코너에는 BTS 멤버의 사진과 음반, 각종 캐릭터가 진열돼 있다. BLACKPINK 등 인기 K팝 스타들의 포스터, 앨범, 굿즈, 동정을 담은 잡지 등이 자리를 채우고 있다. 서점에 들른 뉴욕 시민들이 K팝 코너에서 눈을 반짝이며 K팝 스타들의 화보집을 보고, K팝 스타들의 굿즈를 즐기는 모습을 어렵지 않게 찾아볼 수 있다.

뉴욕에서 240개의 음반 판매 매장을 운영하는 FYE 등도 국내 음반 차트 기업과 손잡고 K팝 관련 상품 판매를 확대하고 있다. 음반 판매율을 분석하는 기업 닐슨뮤직은 10년간 빌보드 차트에 이름을 올린 K팝 그룹의 음반 수입이 최근 5년간 100% 넘게 증가한 것으로 나타났다고 발표했다.

이제 1차 드라마 한류 붐 이후에 2차 K팝 아이돌 한류 붐이 아시아를 뛰어넘어 세계 곳곳에서 높은 인기를 얻으면서, 대한민국이 세계적 문화 강국으로서의 이미지가 강화됐다. 한류 현상이 전 세계에서 화제를 불러일으키면서, 한류 붐의 지속적인 성장과 새로운 문화 부흥의 희망도 커지고 있다.

## BTS 효과, 빅히트의 기업 가치는

2020년 하반기, BTS 소속사인 빅히트의 코스피 상장 소식은 국내 주식 시장에서 큰 화제를 낳았다. 세계 대중음악 시장에서 인기를 얻고 있는 BTS가 K팝 가수로서 사상 처음 빌보드 싱글 차트 2주 연속 1위까지 차지한 뒤여서, 빅히트의 투자 가치는 더 크게 올랐다. BTS 팬뿐 아니라 20대에서 60·70대 주식 투자자까지 공모주 투자 움직임에 동참했다.

공모가가 13만 5,000원으로 확정된 것도 거의 광풍 수준인 공모주 청약 분위기가 반영된 것이다. 이 경우 빅히트 시가 총액은 4조 5,000억 원 규모가 되지만, 이마저 저평가된 것으로 주가가 2~3배 뛸 것이란 전망도 나왔다.

외신들은 빅히트의 공모주 청약에 BTS 팬까지 뛰어드는 이색적인 모습에 관심을 보였다. 로이터통신은 「BTS 팬들 한국 기업공개IPO 대어 쫓는 '개미 투자자' 행렬에 동참한다」라는 기사에서 상장 예정인 빅히트의 주식을 1주라도 사려는 BTS 팬의 열망을 전했다. 한 BTS 팬은 "주식을 사서 BTS에 대한 지지를 보태려고 한다"며 "주식도 내 BTS 소장품의 하나가 될 것"이라고 인터뷰했다. 12살짜리 팬은 "정기 주주총회에서 BTS 멤버를 볼 수 있지 않을까 하는 희망에서 부모에게 빅히트 주식을 1주라도 사달라"고 조르고 있다고 로이터통신은 전했다.

이처럼 화제를 낳으면서 빅히트가 코스피에 상장했지만, 현재 평가는 유보해야 할 상황이다. 상장 직후 외국인과 기관이 연일 빅히트 주식을 팔아치워 약세 흐름을 보였고, 그 후에도 지지부진한 주가 흐름을 이어가고 있다. 빅히트가 상장 나흘 만에 최고점(35만 1,000원)에서 50% 가까이 급락하자, 온라인 종목 게시판에는 '방시혁 책임론'까지 터져 나왔다.

빅히트가 최고점과 대비해 많이 떨어졌지만, 여전히 공모가(13만 5,000원)를 웃돌고 있는 상황인데도 투자자들은 분노했다. 기대가 지나치게 큰 탓이다. 공모 가격이 높을 것으로 예상해 청약을 포기하고 장외 시장에서 빅히트 주식을 산 투자자들은 주당 매수 호가가 40만 원에 육박할 정도였다는 얘기도 들린다. 상장과 동시에 빅히트 최대 주주인 방시혁 의장이 국내 주식 시장 ○위의 부자가 됐다는 '주식 부자 등극 소식'도, 계속된 하락세로 투자금을 잃은 투자자들에게 되레 원망을 사는 이유가 됐다. 주식 전문가들은 엔터테인먼트회사 주가는 널뛰기 형태를 보여 예측이 불가능하다고 말한다.

하지만 증권가에서는 여전히 빅히트의 주가 목표치를 16만 원에서 최고 38만 원까지로 보고 있다. 그만큼 빅히트의 잠재력에 대한 평가가 다양하다는 얘기다.

2005년 설립한 빅히트는 2019년 매출액이 5,872억 원, 영업이익은 987억 원, 순이익은 724억 원이었다. 빅히트의 영업이

익은 증시에 상장한 3대 기획사인 SM(404억 원), JYP(435억 원), YG(20억 원)를 모두 합친 금액을 훨씬 뛰어넘었다. 2020년 상반기에도 빅히트의 영업이익은 497억 원으로 국내 상장 '연예 제작기획사 빅3'인 SM, YG, JYP의 영업이익 총합(370억 원)보다 34.2% 많은 것으로 나타났다.

빅히트의 강점은 단연 BTS다. 빅히트에서 BTS가 차지하는 매출 비중은 2019년 97.4%, 2020년 상반기 87.7%였다. BTS 의존도가 높은 한계를 극복하기 위해 빅히트는 걸그룹 '여자친구' 소속사 쏘스뮤직과 보이그룹 '세븐틴'의 소속사 플레디스엔터테인먼트를 인수하며 외연을 키웠다.

BTS의 그림자가 워낙 크다고 할 수 있지만, 빅히트가 다른 연예기획사들과 차별화되는 점도 많다. 전통 연예 제작 산업에 IT를 접목해 새로운 부가가치를 창출하고 있다. 스마트폰 애플리케이션으로 팬 커뮤니티 공간인 '위버스'와 한정판 굿즈를 판매하는 '위버스 샵'을 만든 것이 대표적이다.

빅히트가 2020년 6월 진행한 온라인 유료 콘서트 '방방콘 더 라이브'는 위버스로 공개돼 전 세계 75만 6,000여 명이 봤다. 초대형 오프라인 콘서트 10회 정도의 성과다. 다른 기획사들이 네이버 플랫폼 등을 이용해 온라인 콘서트를 열 때, 빅히트는 자체 플랫폼으로 수익을 고스란히 가져갔다. 미국 경제 매체《패스트컴퍼니》가 빅히트를 2020년 가장 혁신적인 기업 4위에 선정한 이유다.

K팝과 세계 음악사를 새로 쓰고 있는 BTS의 성공, 전통 엔터 산업에 IT 정보기술을 접목해 자체 플랫폼을 구축하는 등 혁신을 거듭하는 빅히트의 상장과 향후 주가 움직임은 국내외 경제계뿐 아니라 세계 대중음악계에서도 계속 주시할 것이다.

# PART 2

# K팝의 성공방정식 10가지 해법

POP

K팝 가수들이 세계무대에 도전한 역사는 꽤 오래전으로 거슬러 올라간다. 최근 K팝 가수들이 해외 대중음악 시장에서 거둔 성과가 하루아침에 이뤄진 것이 아니란 얘기다.

20여 년 전, 연예기획사와 K팝의 창조자들은 국내 음악 시장의 위기 국면 탈출구로 해외 시장 개척을 도모했다. 이후 수많은 도전과 실패, 단계별 현지화 전략을 통해 한국의 음악 상품이 아시아를 넘어 주류 시장인 서구권에 도달하게 됐고 지금도 그 도전을 이어가고 있다.

세계 시장 진출이란 목표를 갖고 체계적인 준비를 거쳐 첫 도전에 나선 가수는 보아다. 2000년대 초반 보아는 일본 시장에서 성공한 뒤 곧바로 미국 팝 시장의 문을 두드려, 한국 가수 최초로 빌보드 앨범 차트 127위에 진입했다.

이어 JYP는 '미국 대중음악 시장 정복'이란 큰 꿈을 그리고 걸그룹 원더걸스를 필두로 소속 가수들의 미국 진출을 꾀했다. 각고의 노력을 들여 원더걸스가 「Nobody」로 빌보드 차트 76위란 성적을 거뒀지만, 리먼 사태로 재정난과 아시아 음악이란 인식을 넘어서지 못해 눈물을 머금고 미국 시장에서 철수했다. 이후 싸이가 단순 반복적인 리듬과 노랫말, 말춤으로 시대의 아이콘으로 발돋움하며 반짝 인기를 얻었다. 이 과정에 유튜브 플랫폼이 큰 역할을 했지만, 인기를 이어갈 수 있는 후속곡과 스토리 불발로 K팝의 세계 진출은 주춤한다.

그런 K팝이 최근 2~3년 사이 BTS, EXO, NCT 127, BLACKPINK, 투모로우바이투게더(TXT) 등이 빌보드 앨범 200 차트에 진입하면서 세계무대 중심에 우뚝 서게 됐다.

K팝은 이제 유튜브를 통해 특유의 매력을 효과적으로 알리고 소셜네트워크서비스를 통해 팬들과 지속적으로 소통하며 전 세계 팬덤과 두터운 관계를 맺었다. 특히 K팝 팬덤은 디지털 문화에 익숙한 '디지털 네이티브 세대'를 중심으로 구성돼 있어 온라인 공연에서도 결집력이 폭발할 수 있다. 덕분에 코로나-19로 대면 공연이 어려워졌을 때도 K팝은 발 빠르게 디지털로 전환할 수 있었고, 한국의 발전된 정보통신기술과 결합해 언택트 시대 뉴노멀을 제시하고 있다.

오랜 시간 시행착오를 거쳐 모처럼 세계 대중음악 시장에서 인지도를 높인 K팝이 세계 시장 진출을 더욱 늘리고 영향력을 더욱 확대하기 위해, 우리는 체계적인 성공 해법을 준비해야겠다.

01

# '과감하게 섞는다', K팝이 아니라 팝이 되어라

K팝의 성장은 21세기 글로벌 팝 문화에서 가장 의미 있는 사건이다. 최근 20년간 한국은 비영어권 지역에서 영어권으로 영향력을 확장하면서 세계 대중음악의 트렌드를 주도했다. 이를 상징적으로 알린 것이 BTS의 앨범 「LOVE YOURSELF 轉 'Tear'」의 빌보드 앨범 차트 1위(2018)와 「Dynamite」의 빌보드 싱글 차트 1위(2020) 기록이다.

세계에서 가장 공신력이 있는 음악 차트인 빌보드 차트에서

K팝 역사의 각종 기록을 갈아치운 것이다. 이런 상황에서 'K팝이 팝이 돼야 한다'는 내 말이 엉뚱하게 들릴 수 있다. 하지만 이 문장을 되새겨보면 앞으로 K팝이 나가야 할 길이 명확해 보인다.

팝 음악, 즉 대중음악은 우리가 흔히 말하는 예술로서의 음악, 즉 클래식 음악과 구분되고 지역적 특성을 지닌 전통음악인 민족 음악과도 차이가 있다. 대중음악이라 하면 특정 계층, 특정 지역이 아닌 동시대 전 세계 대중이 보편적으로 즐기는 음악이어야 한다.

그렇다면 K팝이 미국 대중음악 시장에서 팝 음악으로 인식되고 있을까? 그렇지 않다. 미국 시장에서 K팝은 여전히 독자적 장르로 분류돼 있다. 미국 팝 음악 시장에서 얘기하는 R&B, 로큰롤, 힙합, 컨트리 음악 등의 장르 분류 안에 포함돼 있지 않다. 한때 미국 팝 음악 시장에 큰 영향을 끼쳤던 브리티시 팝은 지금은 존재가 미미하다. J팝도 한때 전성기를 누리다가 흔적조차 찾아볼 수 없게 됐다. 미국 팝 시장의 주류로 뿌리를 내리지 못했기 때문이다. K팝이 이런 운명을 되밟지 않으려면 세계 팝 시장 자체에 관한 연구와 세계 대중음악에 과감하게 섞이는 노력이 필요하다.

## K팝, 외국 작곡가·해외 기획사와 협력 강화 필요

K팝이 팝이 되기 위해 K팝 가수들이 외국 작곡가와 협력을 강화하는 모델을 생각해볼 수 있다. 이런 움직임은 꽤 오래전부터 시도됐다. SM이 선두 주자다.

SM은 처음에는 좋은 팝송을 발견하면 해당 앨범 크레디트를 보고 작곡가를 직접 찾아가 연락을 취하는 방식으로 작곡을 의뢰했다고 한다. SM은 1996년 H.O.T.를 데뷔시키면서 기획사 내의 A&R Artists & Repertoire팀과 퍼블리싱팀이 외국 작곡가들과 네트워크를 구축하는 작업을 했다. 2년 뒤 나온 S.E.S.의 「Dreams Come True」와 신화의 「천일유혼」이 외국 작곡가와 손잡은 첫 작품이었다. 이렇게 알게 된 작곡가를 통해 또 다른 작곡가를 소개받는 식으로 SM은 해외 작곡가 인맥을 넓혀갔다. A&R팀이 수시로 해외 출장을 가서 미팅하거나 이메일을 보내 해외 작곡가들과 꾸준히 접촉했다.

이렇게 해외에서 곡을 사 오는 방식을 취해 일정 성과가 나오자, SM은 외국 작곡가들과 조금 더 적극적인 교류할 수 있는 장을 마련하게 된다. 스웨덴·덴마크·독일·미국으로 건너가 해외 작곡가들과 힘을 합쳐 소속 가수들의 곡을 만드는 캠프를 열었다. 자연스럽게 2000년대 후반부터는 외국 작곡가의 곡이 앨범의 타이틀곡이 되기도 했다. 소녀시대의 「소원을 말해봐(Genie)」, 보아의 「Hurricane Venus」, f(x)의 「Dangerous」 등이 노르웨이 출신 작곡가 팀인 '디자인 뮤직'의 작품이다. 미국 유명 프로듀서인 테디 라일리는 소녀시대의 「The Boys」를 SM 작곡가들과 함께 만들었다.

SM 관계자는 "예전에는 외국 작곡가에게 접촉하고 사정을 해서 곡을 받았지만, 한국 가수들의 위상이 높아지면서 외국 작곡가가 자신의 곡을 한번 들어봐 달라며 먼저 접촉하는 경우도 늘어나는 추세"라고 최근 분위기를 전했다. 현재 SM이 관리하는 작곡가는 500명 이상이라고 한다. 이 중 외국 작곡가가 90% 정도다. 이들로부터 매주 100~200곡 정도를 받아보는데, 실제 음반으로 발표되는 건 극소수다.

SM 정도는 아니지만, YG, JYP, 빅히트도 외국 작곡가와 협업 체계를 구축하고 있다. YG는 소속 아이돌 그룹인 2NE1과 가수이자 세계적인 프로듀서인 윌 아이엠과의 협업을 성사시켰다. 현재 YG의 대표 주자인 BLACKPINK는 2020년 10월에 발매한 첫 정규 앨범 「THE ALBUM」에 외국 작곡가가 주도해 만든 4곡을 담아 해외 시장을 목표로 했다는 점을 숨기지 않았다. JYP

도 예전 박진영 사단의 작사 작곡가들의 음악을 중심으로 음반을 냈던 것에서 탈피해, 해외 작곡가들의 작품을 담았다.

빅히트의 BTS도 이 대열에서 빠지지 않았다. 3집 앨범 「LOVE YOURSELF 轉 'Tear'」에 카밀라 카베요의 히트곡 「Havana」를 작곡한 알리 탐포시, 루이스 폰시의 히트곡 「Despacito」의 믹싱 엔지니어 제이슨 조슈아와 손잡고 만든 「Airplane pt.2」를 수록했다. 이국적인 라틴 팝과의 과감한 접목을 시도한 곡이다. 빌보드 싱글 차트 1위를 차지한 BTS의 영어 싱글 「Dynamite」의 작곡가도 영국 출신의 작곡가 겸 프로듀서인 데이비드 스튜어트다.

외국인 작곡자, 편곡자와 과감하게 작업을 하는 시도는 음악의 성격을 글로벌화할 뿐 아니라 마켓 전략 면에서도 효과적이다. 결코 이런 작업을 통해 미국 음악, 외국 음악을 만들자는 것이 아니다. 한국적인 것을 살리면서도 외국 무대에서 문화의 이질감을 최소화할 수 있는 작업이다. 레코딩 과정에 음량을 더욱 풍부하게 하려는 목적으로 해외 현지에서 스튜디오 녹음을 하는 것도 궤를 같이하는 작업이다.

해외 대중음악계의 이질적인 문화를 짧은 시간 안에 극복하기 위해 세계적인 해외 연예기획사들과의 협업도 증가하는 추세다. 2019년 SM은 그룹 NCT 127과 SuperM을 미국의 CMGCapitol Music Group와 협력해 미국 시장에 공식 데뷔시켰다. 그 결과 SuperM은 데뷔 첫 주 빌보드 앨범 차트 1위를 기록하는 성과를 거뒀다. YG의 BLACKPINK는 미국의 인터스코프와 협력해 활발한 활동을 펼치고 있다.

해외 연예기획사들도 국내 기획사와 함께하는 작업을 환영하는 분위기다. K팝의 산업적 파급력이 그만큼 커졌기 때문이다. 2018년 미국 내 전체 음반 판매량이 16% 감소한 것과 달리 K팝의 미국 내 앨범 판매량은 93만 장으로 2017년 대비 무려 499% 늘었다는 점이 이런 K팝의 성장세를 보여준다.[1]

그러나 국내 중소 연예기획사는 여전히 외국 작곡가나 해외 기획사와의 협업에 대해 엄두를 내지 못하는 실정이다. 하지만 유튜브 등을 통해 해외에도 소속 가수들의 실력을 보여줄 수 있고 미국이나 유럽, 아시아 곳곳에서 벌어지는 지역 음악 축제나 K팝 합동 공연에 얼굴을 비추며 해외 대중음악계와 교류를 늘려가야 한다. 우물 안 개구리같이 국내에서만 활동하면 그만큼 해외 시장 진출은 요원해진다.

1 매일경제 세계지식포럼 사무국, 『지식혁명 5.0』, 매일경제신문사, 2019, 343~344쪽.

## J팝의 흥망성쇠, K팝의 미래가 보인다

J팝이 아시아 음악의 맹주였던 때가 있었다. 1980년대 중후반(당시 고등학생) 음악을 좀 듣는다고 하는 친구들은 일본의 헤비메탈 그룹 엑스재팬(X-JAPAN)의 음악을 듣기 위해 불법 복제 음반인 '빽판'을 종로 세운상가 등에서 구매했다. 일본을 대표하는 남성 아이돌 그룹 SMAP나 아라시, 여성 듀엣 윙크나 솔로 가수 자드(ZARD) 등이 한일 음악 교류가 뜸했을 당시에도 한국 청소년의 인기를 얻었다.

음악적으로 J팝이 한국의 대중음악과 다른 점은 멜로디에서 찾을 수 있다. 노래의 절정 부분이 똑 떨어지는 '기승전결' 식 한국 음악과 달리 대부분의 J팝은 첫마디부터 끝까지 비슷한 호흡을 유지한다. K팝에 익숙한 사람들이 J팝을 접하면 다소 밋밋하다고 느끼는 이유가 이 때문이다. 그러나 그 멜로디 라인은 간결하고도 강렬해서 기억하기 편하다. 대중이 좋아하는 코드에 교묘히 호응할 줄 아는 것도 J팝이었다. 서양 문물을 가져다가 자신들의 것으로 만드는 일본인의 특성이 J팝에 잘 나타났다.

2020년 9월 BTS가 싱글 「Dynamite」로 아시아권 가수가 차지하기 어려운 빌보드 싱글 차트 '핫 100' 정상에 올라 국내외

에서 화제가 됐다. 이보다 57년 전 이런 역사를 만든 아시아권 가수가 있었는데, 그가 바로 1963년 「上を向いて歩こう」(일명 Sukiyaki)란 노래로 빌보드 싱글 차트 1위를 차지한 일본 가수 사카모토 큐다. J팝의 미국 대중음악 시장 진출 역사가 K팝보다 그만큼 오래됐다는 것이다. J팝은 아이돌 양성법, 안무, 심지어 화장법까지 K팝에 많은 영향을 줬다. 하지만 세월이 흘러 세계 팝 시장에서 J팝은 화제의 중심이 되지 못하고 있다. 심지어 일본 내 오리콘 차트 상위권도 K팝 그룹이 차지하고 있다.

아시아 대중음악의 중심이었던 J팝이 지고, K팝이 그 자리를 대신한 배경은 무엇일까? K팝은 초기에 J팝 형태를 빌려와 답습했지만, 지금은 양국 음악의 대중성에서 차이가 분명하다. J팝은 일본 음악 고유의 색깔을 고수하는 반면, K팝은 단순하고 경쾌한 리듬감 등 한국 전통음악의 특성에 R&B, 디스코, 힙합, 일렉트로니카 같은 외국 댄스 음악을 접목시켜 미국 등 세계 대중음악 소비자가 좋아할 만한 콘텐츠로 변이됐다. 여기에 흥미로운 노랫말과 멋진 군무를 가미해 강한 인상을 남기는 '보여주는 음악'으로 발전시켜 '팔릴 수 있는 상품'으로 성장했다. 제자가 스승의 실력을 뛰어넘은 것이다

J팝이 디지털 세대로 전환하는 데 뒤처졌다는 평가도 받는다.

K팝이 스트리밍 서비스와 유튜브 제공 콘텐츠를 빠르게 늘려갈 때, J팝은 상대적으로 이런 추세에 둔감했다. 최근에도 유튜브나 소셜 미디어에서 J팝 가수들의 콘텐츠가 화제가 된 사례를 거의 찾아볼 수 없다. 미국에 이어 세계에서 2번째로 음악 시장이 크지만, 자신들의 음악 형태에 안주하다가 세계 대중음악계의 트렌드를 따라가지 못해 쇠락의 길을 걷게 됐다. J팝의 행보는 K팝이 어떻게 발전해야 할지 시사하는 바가 크다. 현실에 안주하지 않고, 콘텐츠의 다양성을 추구하고, 마켓 트렌드를 분석해 꾸준히 반영하는 노력이 동반돼야 한다는 교훈을 얻을 수 있다.

## 라틴 팝의 미국 시장 진출 전략은

중남미나 쿠바 출신의 가수들이 빌보드 차트 상위권을 차지는 일은 빈번하다. 내가 뉴욕 특파원으로 부임했을 때 미국 팝 시장을 평정했던 곡은 루이스 폰시의 「Despacito」였다. 한국 음악 팬들도 이 노래를 모르는 사람은 거의 없을 것이다. 카리브해의 미국령 푸에르토리코 출신의 루이스 폰시는 영어가 아닌 스페인어로 미국 팝 시장을 정복했다. 「Despacito」 뮤직비디오는

2018년 그래미 어워드에서 카밀라 카베요는 불법 체류 청년 추방을 유예해달라고 촉구했다.

유튜브 최초로 조회 수 51억 뷰를 넘었고, 2018년 빌보드 뮤직 어워드BBMA: Billboard Music Award에서 7개 부분에 후보로 올라 '톱 핫 100 송Top Hot 100 Song' 등 5개의 트로피를 거머쥐었다.

쿠바 출신의 카밀라 카베요도 최근 미국 팝 시장에서 가장 핫한 가수다. 중독성 강한 라틴 사운드가 곡 전반에 녹아 있는 「Havana」와 그 곡이 수록된 앨범 「Camila」는 빌보드 싱글과 앨범 차트 정상을 석권했다. 그녀는 앨범에 스페인어 노래 제목을 많이 사용했고, 영어 가사와 함께 스페인어 버전도 실었다. 래퍼들과 적극적으로 협업하면서도 자신만의 음악 색깔을 드러내 미국 팝 시장에서 경쟁력을 키워가고 있다.

카밀라 카베요는 2018년 그래미 어워드에서 "미국은 아메리칸드림을 추구해온 사람들이 세운 나라임을 기억해야 합니다"란 호소력 짙은 발언으로 불법 체류 청년 추방 유예 프로그램 수혜자들의 구제를 촉구하고, 트럼프 전 대통령의 반이민 정책에 반대하는 의사를 적극 내비치며 이민자의 디바로서 존재감을 공고히 하고 있다.

세계 스포츠 이벤트 가운데 브랜드 가치가 가장 높은 경기는 매년 2월 열리는 NFL 결승전 '슈퍼볼'이다. 슈퍼볼은 경기에서 맞대결하는 미국 축구팀뿐 아니라 경기 중간에 열리는 하프타임 쇼의 주인공이 누구인지가 세계 대중문화계의 관심사다. 2020년 2월 22일 플로리다주 마이애미에서 열린 슈퍼볼 하프타임 쇼의 주인공은 샤키라와 제니퍼 로페즈였다. 남아메리카 콜롬비아 출신의 샤키라와 현재는 미국의 자치령이긴 하지만 스페인어 영향권인 푸에르토리코 혈통인 제니퍼 로페즈가 다양한 리듬의 라틴 사운드와 강렬한 퍼포먼스로 슈퍼볼 하프 타임 쇼를 수놓았다.

라틴계를 대표하는 2명의 가수가 공연에서 보여줬듯이 라틴팝의 특징은 다양한 리듬이다. 라틴아메리카 대륙은 식민 지배, 독립 전쟁, 혁명, 내전 등 끊임없는 갈등으로 얼룩진 상처의 땅이다. 열정적 리듬 속에서도 역사적인 한을 발견할 수 있다.

그러나 이런 역사를 바탕으로 라틴아메리카 사람들은 다양한 문화와 섞이면서 자신들만의 음악을 만들어냈다. 수천 년간 남미 대륙을 지켜온 라틴아메리카 원주민의 전통음악과 이들을 지배한 유럽의 클래식 선율, 북아메리카에 노예로 끌려 왔던 아프리카 흑인의 리듬감이 절묘한 조화를 이뤄 '그들만의 음악'을 탄생시켰다.

1990년대 후반부터 라틴 팝이 미국 대중음악 시장에서 성공한 배경은 미국에 거주하는 히스패닉 인구 증가를 들 수 있다.[2] 히스패닉은 스페인어를 구사하는 라틴계 미국 이주민과 후손을 의미한다. 히스패닉 인구가 늘면서 그들의 문화가 미국 대중문화에 미치는 영향이 커졌다.

미국 사회에 산적한 각종 사회 문제로부터 도피하려는 현상 때문에 미국 내에서 라틴풍 음악이 유행한다는 분석도 나온다. 청년 고용 문제나 최저 시급 문제, 인종 갈등 등 각종 사회 문제와 경제 문제 같은 무거운 현실로부터 흥겨운 리듬의 음악을 통해 잠시나마 숨통을 트고자 한다는 것이다. 소셜네트워크서비스

---

2 2019년 미국 인구조사국에 따르면 히스패닉이 미국 인구의 19%를 차지하는 것으로 조사됐다.

플랫폼을 통해 미국 시장을 비롯해 세계 각국에 확장성을 키운 것도 라틴 팝의 성공 배경이다. 글로벌화를 지향하는 K팝도 라틴팝의 선율과 접목을 많이 시도했다.

다양한 형태의 멜로디와 특유의 음악 색깔을 충분히 살리면서 미국 주류 음악에 끊임없이 진입하려는 라틴 팝의 생존 전략은 해외 시장 진출을 가속화하는 K팝에게도 많은 교훈을 준다.

마니아가 즐겨 듣는 음악에 가까웠던 라틴 팝이 「Despacito」란 대형 히트곡을 통해 한계를 극복하고 시장이 더욱 커졌다. 라틴팝 특유의 경쾌한 선율과 미국·유럽의 음악을 접목시켜 해외 팬들이 듣고 싶은 음악을 만들었다. K팝 역시 더 많은 아티스트가 다채로운 장르의 음악을 들고 미국 시장에 뛰어들어야 한다. 최근 국내에서 인기를 얻고 있는 트로트, 대중음악과의 접목 시도가 빈번한 국악을 K팝으로 성장시켜 세계 대중음악 시장의 문을 두드리는 것도 가능성 있는 시나리오다. 한민족 특유의 흥과 리듬, 이면에 깊이 녹아 있는 한의 정서가 라틴 민족의 그것에 뒤지지 않기 때문이다.

02

# 팝의 본고장에서 활동하라

2013년 데뷔 당시 BTS는 한국에서 상대적으로 주목을 받지 못했다. 그 시기를 전후해 SM의 EXO 등 대형 기획사의 쟁쟁한 아이돌 그룹이 잇따라 등장해 대중의 스포트라이트를 받을 기회가 적었다.

BTS는 당시 중소 기획사인 빅히트를 통해 데뷔했기 때문에 초창기 방송 홍보나 마케팅에도 한계가 있었다. 하지만 이런 핸디캡이 오히려 BTS가 더 성장할 수 있는 발판이 됐다. 빅히트와

BTS가 미국 시장 진출이란 활로를 찾게 했기 때문이다. 방시혁 프로듀서의 창조적 리더십도 있었지만, BTS 멤버 각자가 갖추고 있는 탄탄한 실력이 해외 시장에서 성공할 수 있는 자양분이 됐다. 앨범을 만들 때 모든 멤버가 작사·작곡뿐 아니라 프로듀싱에 참여해 곡의 완성도를 높였다. 영화 〈보헤미안 랩소디〉에서 록그룹 '퀸'의 결성 초창기 보컬리스트 프레디 머큐리와 기타리스트 브라이언 메이 등 멤버 전원이 작사·작곡·음반 제작에 동참하는 모습을 연상하면 될 것이다.

데뷔 전부터 BTS 멤버들은 소셜네트워크서비스 등을 통해 팬들과 소통하면서 그들의 공감과 인기를 얻었다. 멤버와 팬들의 지속적인 소통은 콘텐츠 생산의 인큐베이터가 됐다. 멤버들이 각자 하루 평균 1회 트위터를 올리고, 유튜브나 소셜 미디어를 통해 공연 현장의 뒷얘기나 안무 연습 장면, 인터뷰를 계속 업로드했다. 기회가 있을 때마다 화려한 성공담보다는 BTS 멤버들 각자가 배고팠던 시절 느꼈던 좌절과 이를 딛고 일어서는 과정을 솔직하고 담백하게 보여줬다.

2020년 9월, BTS의 「Dynamite」가 빌보드 핫 100 정상에 오른 후 〈KBS 9시 뉴스〉에 출연했을 때나 온라인으로 진행된 '글로벌 미디어 데이'에서도 멤버들은 고생담과 팬들에 대한 고마움을 담담히 피력했다. "그저 음악과 춤이 좋아서 시작했는데 우리 팀의 진심이 세상에 통한 것 같아 벅찬 기분이 든다"면서 현재의 성공을 팬들의 공으로 돌렸다. "모두 고향에서 빈손으로 올라와 숙소 생활을 하며 좁은 지하 연습실에 옹기종기 춤과 노래를 연습한 게 생생하다"(뷔), "혼나면서 연습하고 녹음하던 때가 떠올랐다"(RM)며 데뷔 당시 고생했던 경험을 국내외 팬들과 나누며 공감했다.

현재 BTS는 세계 대중음악 시장을 평정하며 인지도를 높였지만, 새 앨범을 발표하거나 시상식, 방송 등 계기가 있을 때마다 미국 활동에 시간을 할애한다. 2019년 4집 앨범 「MAP OF THE SOUL : 7」을 발매한 날, NBC 모닝 토크쇼 〈TODAY SHOW〉에서 특별 인터뷰를 했고, 〈The Tonight Show Starring Jimmy Fallon〉에서도 그랜드센트럴역 등 뉴욕의 명소를 배경으로 새로 발표된 앨범의 타이틀곡을 최초로 선보이는 성의를 보였다. 이에 대해 진행자 지미 팰런이 시청자들에게 "BTS가 뉴욕 그랜드센트럴 터미널을 점령했다took over"며 BTS의 퍼포먼스를 극찬했을 정도다. BTS는 이런 활동을 통해 미국 팬들에게 고마움을 아낌없이 표시하며 "우리가 곡을 만들 때 당신들을 항상 염두에 두고 있다"라는 느낌을 줬다.

BTS와 함께 K팝의 흥행을 이끌어가는 YG의 BLACKPINK도 미국에서의 활동을 크게 늘려가고 있다. 4명의 힙합 여전사는 새 앨범 발매에 맞춰 2019년과 2020년 ABC 방송의 아침 프로그램 〈Good Morning America〉에 출연해 존재감을 각인시켰다. 화려한 퍼포먼스와 유창한 영어 실력으로 타임스퀘어에 모인 현지 팬들의 마음을 훔쳤다.

오스트레일리아에서 태어난 로제와 뉴질랜드에서 유학한 제니 등 멤버 4명 중 3명이 영어로 의사소통이 자유롭다는 것도 해외 시장에 진출하는 데 강점이다. 제니는 샤넬, 지수는 디올, 로제는 생로랑, 리사는 셀린느의 '브랜드 앰배서더'로 선정되는 등 멤버 모두 세계적 패션 브랜드에서 뮤즈로 활약한다는 것도 매력이다. 이들의 패션 스타일부터 활동하는 모습 일거수일투족에 해외 팬들은 열광한다. 이들은 인스타그램을 통해 개개인의 매력을 유감없이 뽐내며 새로운 팬들을 빨아들이고 있다. BLACKPINK는 세계 대중문화계의 트렌드를 이끄는 초강력 매력으로 단시간에 미국 팬들의 마음을 빼앗는 데 성공했다.

BTS나 BLACKPINK의 활발한 활동이 미국 시장에서 큰 주목을 받으면서, 그 후 데뷔하는 K팝 아이돌의 활동 양상이 바뀌고 있다. 신인 가수들이 국내보다 해외 활동에 집중하거나, 해외 무대에서 데뷔한 뒤 국내 시장에 진입하는 경우가 늘고 있다.

그러나 여전히 상당수 아이돌 그룹은 미국 진출을 꿈꾸면서도 대부분 한국 활동에 치중한다. 앨범을 냈을 때 미국 시장에 살짝 얼굴을 내미는 시늉만 한다. 성공 가능성이 큰 시장에 집중한다는 의미일 수 있고, 언어 문제로 팬들과 소통이 어렵거나 현지 진출을 막는 제도적 문제 때문에 미국 내 활동을 꺼리기도 한다. 하지만 물건을 사려는 소비자에게 물건의 장점을 소개하고 이용할 기회를 주지 않고는 물건을 팔 수 없듯이, K팝 가수들이 미국 시장에서 절실히 성공하길 원한다면 팝의 본고장에서 끊임없이 팬들과 소통하며 활동해야 하는 것이 올바른 길이다.

## 미국 팬들과 함께 새해를 맞는 BTS

BTS는 타임스퀘어에서 2020년 새해를 화려하게 장식하며 세계적 인기를 또다시 입증했다. 2018년 새해맞이 무대에 사전 녹화 형식으로 참석한 뒤 2번째 출연이다.

뉴욕의 새해맞이 최고 콘텐츠인 '타임스퀘어 볼 드롭Ball Drop'

행사를 전후해 펼쳐지는 공연에 초청 가수로 한 번 무대에 서는 것도 대단한 일인데, 두 번에 걸쳐 선정됐다는 것은 대중음악 가수로서 큰 영예다. 볼 드롭 행사는 한 해를 마무리하는 12월 31일에 타임스퀘어의 꼭대기에 매달려 있는 대형 크리스털 볼이 바닥으로 떨어지면서 새해맞이를 축하하는 세계적인 송구영신 행사다. 그렇지 않아도 매서운 추위로 유명한 뉴욕은 매년 볼 드롭 행사를 앞두고 추위가 더 심해진다. 국내에서 수능 시험 당일이 되면 날씨가 쌀쌀해지는 것과 같다고나 할까. 그런데도 전 세계에서 행사 현장을 직접 보겠다며 수천 명이 모이고, 최대 2,500만 명에 달하는 미국인이 TV를 통해 시청하는 대단한 콘텐츠다. 볼 드롭 행사를 전후해 펼쳐지는 화려한 공연에 초청되는 가수들은 당대의 최고 인기 가수들이다.

출연 가수들을 조금이라도 가까운 곳에서 보고 싶은 팬들은 타임스퀘어 광장에서 사흘 전부터 노숙을 불사한다. 어렵게 무대에 근접한 자리를 확보한 사람들은 화장실 이용이나 식사를 하기 위해 그곳을 떠나지 않는다. 한번 자리를 뜨면 또다시 자리를 차지하기 어려워서인데 열성 팬들은 기저귀를 차고 오거나 미리 간단한 음식을 싸 와 먹으면서 무대 앞자리에서 공연 시작을 꿋꿋이 참고 기다린다.

2020년 타임스퀘어에서 열린 새해맞이 BTS 공연의 자리를 차지하기 위해 상당수 팬은 사흘 전부터 노숙했다.

BTS는 타임스퀘어에서 펼쳐지는 몇 개의 공연 중 ABC 방송의 'Dick Clark's New Year's Rockin' Eve with Ryan Seacrest 2020' 공연 무대에 섰다. ABC 방송은 타임스퀘어 한가운데 야외 특설무대를 설치하고 방송 전부터 소셜네트워크서비스 채널로 BTS의 리허설은 물론 전 세계에서 모인 수백만 명으로 가득 찬 현장 곳곳을 실시간으로 전달하며 라이브 공연의 기대감을 높였다. 사회자는 들뜬 목소리로 "곧 지구 모두가 반한 BTS가 나온다"라며 BTS를 소개했다.

BTS는 「Make It Right」으로 시작해 타임스퀘어의 계단 스테이지에서 퍼포먼스를 펼쳤다. 뮤지컬이나 오페라, 발레 등 뉴욕의 각종 문화 콘텐츠의 티켓을 살 수 있는 창구가 있는 곳인데, 타임스퀘어를 한눈에 볼 수 있어 뉴욕을 찾는 전 세계 관광객들이 꼭 한 번은 들르는 명소다.

BTS는 붉은 계단 스테이지의 도선에 맞춰 새롭게 준비한 퍼포먼스로 팬들의 환호성을 받았다. 멤버들은 타임스퀘어에 모인 팬들 사이를 뚫고 메인 무대로 이동하며 노래를 이어갔는데, 팬들에게 일일이 인사를 하면서도 흔들리지 않는 라이브 솜씨를 뽐냈다. BTS는 메인 스테이지에서 「작은 것들을 위한 시(Boy With Luv) (feat. Halsey)」를 열창하는 동시에 화려한 댄스와 여유로운 라이브로 현장 분위기를 한껏 띄웠다.

팬들은 BTS와 멤버들의 이름을 큰 소리로 연호하고 한국어로 '떼창'하는 장관을 연출했다. 최근 미국 팝 시장에서 최고의 스타답게 타임스퀘어 무대에서 송년 카운트다운 때도 사회자 라이언 시크레스트, 유명 팝가수 포스트 말론, 샘 헌트와 함께 등장했다. 세계적인 스타와 얼싸안고 춤을 추며 2020년 첫날을 맞는 기쁨을 나눴다. 2018년 새해 공연에서는 세계 팬들에게 맛보이기 수준의 공연을 펼친 것에 비해, 2020년 행사에서는 미국 대중문화 시장에서 커진 위상에 걸맞게 BTS가 행사 중심에서 팬들과 함께 새해를 맞이했다.

BTS를 보기 위해 팬들은 사흘 전부터 타임스퀘어 무대 앞을 지켰다. CNN 등 미국 현지 방송은 볼 드롭 행사 준비 상황과 무대 앞에 진을 치고 있는 BTS 팬들의 모습을 매시간 전했다. CNN은 BTS의 볼 드롭 공연 참가 소식을 전하면서 BTS의 경제적 가치도 다뤘는데, "BTS가 지금의 인기를 유지한다면 2023년까지 56조 1,600억 원 상당의 경제 기여 효과를 낼 것"이란 분석을 내놨다.

## 외국에서 인기 얻고 국내로 역수출 노린다

전 세계에 불고 있는 K팝 열풍이 신인 아이돌의 활동 양상을 바꾸고 있다. 해외 무대에서 데뷔해 어느 정도 명성을 얻은 뒤 국내 시장으로 진출하는 경우가 늘고 있다. 국내에서 다진 인기를 기반으로 해외 진출을 모색하던 기존 흐름과 180도 달라진 것이다. 대표 사례가 개성적 음악과 퍼포먼스로 해외에서 높은 평가를 받고 있는 K팝 혼성그룹 KARD(카드)다.

KARD는 한국에서의 정식 데뷔를 앞두고 유튜브에 올린 뮤직비디오가 해외에서 인기를 끌면서 미국 등에서 주목을 받았다. 남성이나 여성 멤버로만 구성된 아이돌 그룹에 익숙한 대중에게 KARD는 음악적으로나 비주얼적으로 개성이 확연히 다른 혼성 그룹이다.

한국에서 데뷔 무대를 따로 하지 않은 채 해외로 진출해 북미와 남미 4개국 11개 도시를 돌며 공연을 해 높은 호응을 얻었다. KARD의 데뷔 싱글인 「Oh NaNa」와 2번째 싱글 「Don't Recall」 뮤직비디오는 유튜브에서 100만 뷰를 빠른 시간 안에 돌파해 세간을 놀라게 했는데, 해외 교류를 꾸준히 넓히며 한국 시장 진출을 꾀하고 있다.

국내에서 대형 아이돌로 성장한 GOT7도 국내 팬덤이 커지기 전, 해외에서 인기를 먼저 얻었다. 태국 등 동남아 지역에서 인기가 높았는데, 아시아·유럽·북미·남미 등을 순회하며 세계무대에서 활발한 활동을 꾸준히 펼치고 있다. 몬스타엑스(MONSTAR X) 역시 국내 팬덤에 비해 해외 팬덤이 큰 아이돌 그룹이다. 전 세계 16개 도시에서 월드투어를 성황리에 진행했고, 미국의 유명 대중음악 전문 라디오 방송국인 '아이하트라디오'에서 개최하는 연말 쇼 〈징글볼〉 투어에 초청받아 션 멘데스, 카디 비, 두아 리파 등 세계적인 가수들과 공연을 했다. JYP 소속의 Stray Kids나 YG 출신의 iKON(아이콘), 해피페이스엔터테인먼트 소속의 7인조 걸그룹인 드림캐쳐 등 신예들도 막강한 실력을 바탕으로 해외 시장에서 인기를 얻고 있다.

이처럼 K팝 신예 가수들이 한국 데뷔 전부터 해외에 눈을 돌리는 이유는 국내 음악 시장의 규모 때문이다. 한국 대중음악 시장 규모가 세계 10위권이라고 하나 미국·일본·유럽에 비해 시장 크기에서 차이가 크다. 국내 시장에서는 확장하는 데 한계가 있을 수밖에 없다. 아이돌이 넘쳐나니 데뷔까지 들어간 투자비를 회수하기 위해서라도 해외 시장으로 눈길을 돌리는 연예기획사가 증가하고 있다. 가수는 넘쳐나고 국내 무대에 설 자리는 적으니 해외에서 기회를 찾겠다는 생각에서다.

최근 해외 시장에서 K팝 자체를 좋아하는 고정 소비자가 많아져, 신인 가수 진입이 비교적 쉬워졌다는 점도 요인으로 꼽을 수 있다. 대형 기획사 출신 아이돌에 팬덤이 몰리는 국내 시장 상황과 달리, 해외는 국내 기획사 규모에 대한 인식 자체가 낮아 중소기획사 아이돌에게도 기회가 열려 있다. 중소기획사 아이돌들도 유튜브 등 다양한 온라인 플랫폼을 통해 노래가 알려지면, 해외 공연사의 초청을 받기도 한다. 해외 네트워크가 구축돼 있지 않아도 양질의 콘텐츠와 실력만 있으면 승부를 걸 수 있다는 말이다.

하지만 해외 시장 진출을 했더라도 실패할 확률이 높다. 국내 팬들보다 해외 음악 소비자에게 다가가는 것이 정서적인 면에서나 인지도 면에서 어려움이 많기 때문이다. 중소 기획사들이 소속 가수들을 해외 무대에 올리려면 실력을 키우는 것은 물론이고 팬덤 관리 등 치밀한 전략이 선행돼야 할 것이다.

## 센트럴파크에 울려 퍼진 한국 음악

2018년 8월, 뉴욕한국문화원이 맨해튼의 허파로 불리는 센트럴파크에서 한여름 K팝 축제를 기획했다. 뉴요커들의 쉼터이면서 각종 문화 공연이 펼쳐지는 곳이어서 대관 예약 잡기가 하늘의 별 따기처럼 어려운 곳인데, 문화원이 노력을 기울여 2017년에 이어 2번째 한국 음악 축제를 개최했다. 하지만 시작부터 악천후라는 돌발 변수가 생겼다. 공연이 예정됐던 8월 11일 오후 5시, 천둥 번개를 동반한 폭우가 센트럴파크 내 야외 메인 공연장인 럼지 플레이필드에 쏟아졌다.

공연이 가능할지 주최 측이 심각하게 고민했지만, 공연장에는 하나둘 관객이 모여들었다. 폭우가 쏟아져도 공연을 보겠다

2018년 8월 악천후에도 열광적인 팬들의 환호를 받은 센트럴파크. '서머 스테이지: 제2회 코리아 가요제'가 열렸다.

며 모인 팬들의 기세에 눌렸는지, 비는 잦아들고 예정보다 1시간 늦은 6시, '서머 스테이지: 코리아 가요제'가 시작됐다. 조명이 켜지고 스피커를 통해 전달되는 감미롭고 세련된 케로 원의 재즈랩 음악에 관객들은 몸을 맡겼다. 이어 무대에 오른 래퍼 덤파운데드는 흥겨운 힙합 선율과 기관총처럼 쏘아대는 강렬한 랩을 섞어 관객들을 흥분시켰다. 그런데 자유분방하고 강렬한 목소리로 발산하는 랩을 들어보니 귀에 익은 가사가 들렸다.

누가 먼저 가위바위보 / 누가 먼저 가위바위보 / 누가 먼저 가위바위보

어렸을 적 친구들과 함께했던 놀이를 덤파운데드가 힙합 음악에 녹였다. 경쟁에서 누가 먼저 정상에 오를 것인가를 가위바위보에 빗대어 만든 랩이라고 한다. 단순 반복적이면서 경쾌한 리듬에 외국인 관객들도 어깨를 들썩이며 발음하기 어려운 한글 단어들을 열심히 따라 불렀다.

동시대의 사회적 이슈를 재치 있게 꼬집는 주제 의식이 강한 래퍼로 평가받는 덤파운데드는 온라인에서 프리스타일 배틀 랩으로 유명하다. 그는 이번 무대에서도 한국 동포들이 느끼는 미국에서의 삶과 가정의 현실을 가사에 담아 관객들의 관심을 불러일으켰다.

이번 공연의 '헤드라이너 아티스트'인 토키몬스타가 무대에 오르자 절정에 이르렀다. 일렉트로닉, 힙합, R&B 등 다양한 장르를 새롭게 해석한 그녀 특유의 음악과 퍼포먼스가 무대를 꽉 채웠다. '아시안 여성 DJ'라는 장벽을 깨고 세계 유명 페스티벌로부터 러브콜을 받고 있는 실력파 DJ라는 명성답게 그녀의 공연이 시작되자 더 많은 관객이 모여들어 공연장을 가득 메웠다. 소울 팝 가수 가빈 투렉과 함께 선보이는 토키몬스타의 강렬한 음악에 맞춰 관객들이 춤을 추면서 공연장은 순식간에 야외 클럽으로 바뀌었다. 공연 중간에 천둥 번개가 동반한 비가 와도

80여 분간 진행된 공연을 통해 한국과 미국을 넘나들며 작품 활동을 하는 한국계 뮤지션들의 저력을 눈여겨볼 수 있었다. 한국과 미국의 문화를 융합한 새로운 형태의 K팝 발전 가능성도 엿볼 수 있는 공연이었다.

03

# 유니크하라

유니크Unique는 '유일무이한' '아주 특별한' 또는 '특유의'란 사전적 의미를 갖고 있는 형용사다. 독창적이고 창의적인 뭔가를 의미하는데, 미국 사람들은 이 단어를 매우 좋아한다. 초등학교부터 교사들은 학생들에게 유니크한 성과물을 요구하고, 학생이 제출한 과제물에서 조금이라도 이런 요소가 보이면 아낌없이 칭찬한다. 대학 입시에서도 수험생이 제출한 에세이가 '유니크'한 주제를 갖고 새로운 접근을 하면, 우리의 수학능력시험과 같은 SAT 성적이 낮거나 성적이 없더라도 대학은 해당 수험생을 합격시킨다.

미국의 대중음악 시장에도 이 잣대는 그대로 적용된다. 유명 오디션 프로그램에서 어느 누가 봐도 가창력이나 안무가 뛰어난 참가자는 심사위원들이 좋은 평가를 한다. 그런데 이들보다 심사위원들의 더 높은 평가를 받는 출연자들이 있다. 예전에 보지 못했던 독특하면서도 작품 전달력이 좋은 퍼포먼스를 보여준 출연자들이다. "저게 뭐야?"라는 반응과 함께 무의식적인 상황에서 시선을 끄는 퍼포먼스가 더 좋은 평가를 받는다는 얘기다.

이렇듯 K팝 가수들이 미국 대중음악 시장에서 성공하려면 자신들만이 선보일 수 있는 개성, 즉 '유니크'한 요소를 강화해야 한다. 미국 빌보드 차트에서 높은 인기를 얻는 곡들을 살펴보면 다양한 장르의 음악들이 포진하고 있다. 가창력이 돋보이는 멋진 음악도 있지만, 듣다 보면 귀가 쫑긋하게 서는 특이한 음악이 높은 인기를 얻고 있는 것을 볼 수 있다.

미국 공중파 방송의 인기 경연 프로그램 〈보이스The Voice〉나 〈아메리카 갓 탤런트America's Got Talent〉 등에서 주목을 받고 높은 평가를 받는 출연자들도 '유니크'한 요소를 많이 갖고 있다. 세계에서 내로라하는 가수와 그룹들이 모여 경연을 펼치는 미국 대중문화 시장에서 라이브 실력은 기본이다. 여기에 특유의 개성을 확실히 드러내지 못하면 그 안에 빨려 들어가 존재감 없이 무대에서 사라지는 운명에 처할 수밖에 없다.

## 꼰대들은 절대 이해 못 해, 빌리 아일리시의 매력은

최근 미국 팝 시장에서 가장 핫하고 유니크한 매력의 '끝판왕'은 가수 빌리 아일리시다. 그녀는 2001년생이다. 몽환적이면서 때때로 초점을 잃은 듯한 눈동자, 독특한 머리색과 패션은 톡톡 튀는 미국 가수들 사이에서도 눈에 띈다. 그런데 그녀의 음색은 더 특이하다. 우울하고 외모만큼 몽환적이다. 음악 곳곳에 10대 소녀에 어울리지 않는 퇴폐적인 색깔이 짙게 묻어난다. 그녀의 뮤직비디오도 음악만큼 매번 화제를 몰고 다닌다. 공포영화를 방불케 하는 오싹함이 느껴지기 때문이다. 검은 눈물이 눈에서 쏟아져 나오고 거미를 입에 넣기도 한다. 등에 주사기를 꽂고 공막 렌즈를 끼고 몸이 천천히 돌아가는 장면 등 보통 사람들이 차마 말로 표현하기 어려울 정도의 영상이 펼쳐진다.

그런데 이런 빌리 아일리시의 음악에 미국의 10대들은 열광

2020년 그래미 어워드에서 빌리 아일리시는 올해의 레코드상 등 4관왕을 차지했다.

한다. 가장 큰 이유는 10대라는 나이에 그녀가 내면을 표현하는 방식이 새롭다는 것이다. 목소리는 부드럽지만, 나이에 어울리지 않게 음색은 퇴폐적이고, 가사는 10대들의 내면을 담아냈다. 「idontwannabeyouanymore」에서는 수영장 패션쇼 무대에 선 모델들을 판단하는 높은 기준처럼, 세상 사람들이 자신을 평가하는 것에 대한 회의감을 담아내며 10대들의 심정을 노래했다. 이런 가사를 누구도 생각하지 못하는 스타일과 음악으로 풀어내 폭발적 인기를 얻었다.

2016년, 15살 때 오빠와 작곡한 노래 「Ocean Eyes」도 그 나이에 어떻게 이런 가사를 담아낼 수 있을지 혀를 내두르게 한다.

I've been walking through / A world gone blind / Can't stop thinking of your diamond mind / Careful creature

Made friends with time / He left her lonely with a diamond mind / And those ocean eyes

나는 걷고 있었다 / 장님이 된 세상 / 다이아몬드 마음에 대한 생각을 멈출 수 없어 / 조심스러운 생물

시간과 친구가 되었습니다 / 그는 다이아몬드 마음으로 그녀를 외롭게 만들어 / 그리고 그 바다 눈

빌리 아일리시의 이 노래는 유튜브에 올라가자마자 1,000만 뷰에 가까운 조회 수를 기록하면서 가수로 정식 데뷔도 안 한 그녀를 10대 사이에서 단번에 스타로 만들었다. 자신의 내면과 10대의 고민을 어떤 아티스트보다 '유니크'하게 표현해 공감을 받았다는 얘기다. 빌리 아일리시가 2019년 발표한 노래 「everything i wanted」에서도 부모와 친구 등 주변 사람들의 기대에 부담을 느끼면서 고뇌하는 또래의 고민을 음유 시인과 같이 읊조리며 표현했다.

And it feels like yesterday was a year ago / But I don't wanna

let anybody know / Cause everybody wants something from me now / And I don't wanna let 'em down
어제가 마치 일 년 전인 것 같아 / 근데 난 이런 느낌을 아무에게도 알리고 싶지 않아 / 왜냐면 모두가 나에게서 무언가를 원하고 있단 말이야 / 난 그들을 실망시키고 싶지 않아

I tried to scream / But my head was underwater / They called me weak / Like I'm not just somebody's daughter / Coulda been a nightmare / But it felt like they were right there
난 비명을 지르려고 했지만 / 내 머리는 물속에 잠겨 있어 / 그들은 내가 나약하다고 말해 / 마치 난 누군가의 딸도 아닌 것처럼. / 악몽이었을지도 모르지만 / 그들이 진짜 거기에 있는 것 같았어.

그녀는 2020년 그래미 어워드에서 올해의 앨범·레코드·노래·신인상 등 4관왕을 차지했다. 그러면서 그래미 어워드 주요 4개 부문을 수상한 최초의 여성 아티스트이자 최연소 아티스트가 됐다. 10대 팬의 인기에 국한된 게 아니라 음악 전문가들까지도 그녀의 천재성을 높이 평가한 것이다.

## 유니크한 BTS만의 독창성과 스토리가 성공 비결

BTS는 유니크하다. 이 요소가 미국 시장에서 성공하는 데 큰 역할을 했다. 미국 시장 진출을 모색하는 K팝 아티스트들의 모범 사례다. BTS도 데뷔 당시 전형적인 K팝 아이돌 훈련을 받으며 활동을 시작했다.

중소 연예기획사 빅히트는 데뷔 이전부터 랩과 댄스 등으로 인지도를 갖춘 실력 있는 구성원들을 모아 훈련을 시켰다. 그런데 그들에게서는 당시까지 주목받았던 아이돌 그룹과 다른 면이 있었다. 모든 멤버가 음악을 만드는 과정에 처음부터 끝까지 참여했다는 점이다. 멤버 각자가 자신들의 음악을 프로듀싱하고 그들의 이야기를 곡에 담았다는 얘기다.

그들은 성장을 노래했다. 청소년이 성년이 되는 과정에 겪는 고민과 갈등을 호소력 짙은 가사로 풀어냈다. 자신들의 생생한 경험을 녹여서 또래 팬들의 피부에 와닿는 가사로 가득 차 있다. 멤버들이 직접 쓴 가사여서 진정성이 높고 가사에 힘이 더 느껴진다. 때로는 철학적 깊이가 있고 시적 완성도가 높은 가사로 중년 팬들까지 감동시키고, 미래를 불안해하는 청소년들에게 자신들의 성공 스토리를 들려주며 용기와 희망을 불어 넣어

준다. 그룹명 방탄소년단, BTS란 이름도 그들이 쏟아내는 노래와 맥이 닿는다. '총알을 막아내듯이 10대로 살아가면서 경험하는 고난과 편견, 억압을 막아내겠다'라는 의미가 담겼다고 한다.

그렇다고 거대한 사회 담론이나 딱딱한 소재만 노래한 것도 아니다. 10대 누구나 공감할 만한 삶과 사랑의 이야기도 그들 나름의 독특한 시각과 감성으로 표현했다. 시리즈로 발표하는 앨범에 장편 서사시나 호흡이 긴 대하 드라마 같은 스토리를 담았다. 「학교 3부작(School Trilogy)」 앨범과 이어 발표한 「화양연화(The Most Beautiful Moment in Life)」 파트 1과 2에서는 불안하고 위태로운 현실 속에서도 앞을 향해 달려가는 청춘들의 이야기를 다뤘다. 사랑의 만남과 이별, 자아를 찾아가는 청춘의 여정에 관한 이야기를 풀어간 3개의 'LOVE YOURSELF' 시리즈 앨범도 전작의 스토리를 넘겨받아 이어갔다.

BTS의 또 다른 유니크함은 콘텐츠에 등장하는 각종 소재가 퍼즐처럼 연결돼 있다는 점이다. 노래와 영상 등에는 'BU' 로고가 붙어 있는 콘텐츠가 흩어져 있다. 팬들은 'BU'의 의미를 BTS의 세계관BTS Universe이라 해석한다. 예를 들면 이렇다. 2017년부터 발매된 'LOVE YOURSELF' 시리즈 앨범에는 '화양연화 더 노트'가 있다. 이 얇은 책에는 BTS 멤버들의 이야기가 일기처럼 실렸는데, 한 일기에 "엄마는 내게 초코바를 건네며 말했다. 호석아, 지금부터 열까지 세고 눈을 뜨는 거야"라는 문장이 나온다. 여기서 초코바는 '거짓'과 '불행'의 상징물이라 한다. 1년 뒤 발매된 「LOVE YOURSELF 轉 'Tear'」 앨범에 수록된 노래 「Fake Love」 뮤직비디오에서 초코바 더미가 등장하는데, 거짓 사랑을 깨닫는 내용의 가사와 이미지가 연결된다.

BTS의 뮤직비디오를 보면 초코바뿐 아니라 뜬금없이 꽃이나 가면, 불, 모레가 등장한다. 이것들이 다른 뮤직비디오에도 반복해서 등장해 흩어진 스토리를 연결하는 고리가 된다. 빅히트는 BTS의 다양한 콘텐츠에 팬들에게 '떡밥'이라 불리는 힌트를 녹여놓아 팬들이 마음껏 상상의 날개를 펴게 한다. 팬들은 궁금한 게 있으면 팬 커뮤니티에서 소통하고 힘을 합쳐 퀴즈를 풀듯이 의문점을 해결해간다.

BTS의 세계관은 앨범과 뮤직비디오 등에 담은 스토리텔링의 총집합이다. 앨범마다 짧은 스토리를 내놓아 거대한 서사를 완성해가는 세계관 전략은 새로운 팬들을 끌어들이는 동시에 기존 팬의 충성도를 강화하는 역할을 한다.

《WSJ》는 2020년 3월 BTS의 성공 스토리를 다룬 기사에서 이들의 7가지 성공 요인 중 하나로 '견고한 세계관'을 꼽았다. 닐

**BTS 제작 스타일이 K팝에 끼친 영향**

| 제작 스타일 | K팝 아이돌 |
|---|---|
| 멤버들이 음악 프로듀싱에 참여(프로듀서형 아이돌) | • 세븐틴, 몬스타엑스, 뉴이스트, (여자)아이들 등 |
| 스토리와 콘셉트로 무장한 시리즈 앨범 발매 | • 몬스타엑스: 상실과 방황 사이에서 희망을 찾는 과정<br>• GOT7: 20대 청년의 순수하고 가슴 벅찬 사랑 고백<br>• Stray Kids: 정체성을 찾기 위해 미지의 세상 여행<br>• 뉴이스트: 만화 『여왕의 기사』 등에서 연결된 다양한 세계관<br>• 에이티즈: 마음속 보물을 찾아 항해하며 자유 쟁취<br>• TXT: 멤버와의 만남과 성장 스토리<br>• P1HARMONY: 소년들이 희망의 별을 찾아가는 모험<br>• ENHYPEN: 알을 깨고 나오는 자아의 발견과 성장<br>• 여자친구: 소녀의 성장과 사랑 |

샤Neil Shah 대중음악 담당 기자는 "BTS의 노래와 앨범에는 상호 연결된 세계관과 암시로 가득 차 있다면서, 이들처럼 탄탄하고 수준 높은 세계관을 바탕으로 노래를 내놓은 것은 세계적으로 찾기 힘들다"고 평가했다.

멤버 각자가 자신의 음악을 프로듀싱하고 그들의 이야기를 곡에 담는 BTS 스타일의 제작 방식은 다른 K팝 그룹에도 영향을 주고 있다. 세븐틴이나 몬스타엑스(MONSTAR X) 등이 자신들의 음악을 자체적으로 프로듀스하고, 몬스타엑스와 GOT7, Stray Kids, TXT는 스토리와 콘셉트가 있는 시리즈 앨범을 발매하는 전략을 쓰고 있다. 이처럼 대하 드라마 같은 형식의 앨범과 뮤직비디오 제작은 향후에 드라마·게임·웹툰 등으로 무한 확장될 수 있는 장점까지 있다.

미국 시장에서 K팝 아이돌에 대한 평가는 높아졌지만, 유니크한 측면에서 여전히 비판의 목소리가 나온다. 일사불란하고 화려한 군무, 여러 멤버가 돌아가면서 소화하는 짧은 음악에 대해 재미있고 짜임새가 있다는 평가도 받지만, 일각에서는 '너무 만들어졌다'라든지 '똑같다'란 혹평도 나온다. 이런 평가를 극복하려면 스토리가 있어야 하고 새로움이 있어야 한다. 기발하면서도 음악 소비자에게 유니크한 면으로 감동을 주는 K팝이 계속 나와야 한다.

전 세계에 내로라하는 가수들의 무한 경쟁이 펼쳐지는 미국의 대중음악 시장에서 K팝 가수들은 자신들만의 독특한 색이 없으면 눈에 띄기 어렵다. 당시 음악 트렌드에 맞아 반짝 인기를 얻을 수 있지만, 자신만의 매력이 없으면 팬들의 뇌리에 금방 사라지는 운명에 처할 수밖에 없다.

04

# 라이브 공연 실력은 해외 시장 진출의 보증 수표

최근 미국 대중음악 시장의 대세는 음악 스트리밍 서비스다. CD나 LP 판매를 통해 수익을 거두는 시대는 오래전에 지나갔고, 음악 다운로드 서비스 시장도 한물갔다는 평가가 나온다. 그런데 음악 스트리밍 못지않게 여전히 미국 음악 시장에서 큰 주목을 받는 것은 라이브 음악 시장이다.

미국 시장 조사 업체인 PwC가 발표한 「2019~2023 글로벌 미디어·엔터테인먼트 전망Global Entertainment & Media Outlook

2019~2023」을 보면 이런 상황이 확연히 드러난다. PwC는 미국 음악 시장 규모를 2018년에는 203억 2,100만 달러(약 22조 3,713억 8,890만 원)로 추정했고, 2023년에는 258억 9,200만 달러(약 28조 5,045억 280만 원)로 연평균 4.97%로 증가할 것으로 예상했다. 연평균 10.38%로 성장할 것으로 예상하는 디지털 음악 스트리밍 분야를 중심으로 디지털 음악 시장이 7.7% 성장하고, 라이브 음악 시장도 4.01% 성장하면서 전체 음악 시장의 성장을 견인할 것으로 분석했다.

PwC 자료를 보면 현재 미국 음반 시장에서 가장 급속한 하락세를 보이는 영역은 CD와 LP 등에 저장된 물리 매체 시장(11.93% ↓)과 디지털 다운로드 시장(23.61% ↓)이다. 이는 음악 소비 행태와 음악 콘텐츠 유통 방식이 물리 매체보다는 디지털 콘텐츠 형태로 이용되고 있고, 다운로드해 소유하기보다는 스마트폰을 비롯해 다양한 인터넷 커넥티드 기기를 통해 스트리밍 방식으로 음악을 소비하는 트렌드로 변하고 있음을 보여준다.

이런 상황에서도 라이브 음악 시장이 2023년까지 연평균 4.01% 성장할 것이란 것은 미국 음악 시장에서 소비자가 라이브 공연을 얼마나 좋아하고 중시하는지 시사한다. PwC가 발표한 자료를 토대로 만든 '미국 음악 시장 부문별 점유율' 그래프

### 미국 음악 시장 규모와 전망

(단위: 백만 달러)

| 구분 | 2018년 | 2019년 | 2020년 | 2021년 | 2022년 | 2023년 | 연평균 성장률 (2018~2023) |
|---|---|---|---|---|---|---|---|
| 공연 음악 | 10,494 | 10,992 | 11,446 | 11,899 | 12,349 | 12,772 | 4.01 |
| 후원 | 2,295 | 2,371 | 2,448 | 2,525 | 2,603 | 2,677 | 3.13 |
| 티켓 판매 | 8,199 | 8,621 | 8,998 | 9,373 | 9,747 | 10,095 | 4.25 |
| 레코드음악 | 9,826 | 10,935 | 11,811 | 12,428 | 12,871 | 13,120 | 5.95 |
| 디지털 | 7,433 | 8,541 | 9,409 | 10,041 | 10,507 | 10,775 | 7.71 |
| 다운로드 | 994 | 733 | 951 | 420 | 327 | 259 | –23.61 |
| 스트리밍 | 6,414 | 7,789 | 8,843 | 9,610 | 10,170 | 10,508 | 10.38 |
| 모바일 | 25 | 18 | 14 | 11 | 10 | 8 | –19.71 |
| 실물 음반 | 1,155 | 956 | 819 | 727 | 660 | 612 | –11.93 |
| 공연권 | 953 | 1,118 | 1,233 | 1,285 | 1,313 | 1,330 | 6.90 |
| 싱크로 나이제이션 | 286 | 321 | 351 | 374 | 392 | 404 | 7.17 |
| 합계 | 20,321 | 21,927 | 23,257 | 24,326 | 25,221 | 25,892 | 4.97 |

### 미국 음악 시장 부문별 점유율

(단위: %)

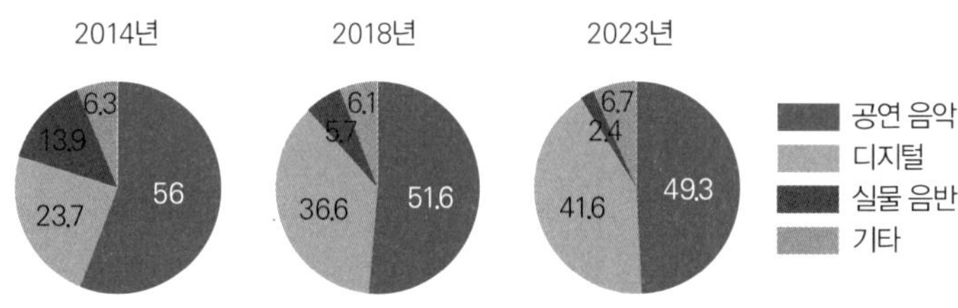


출처 : PwC, 「글로벌 미디어·엔터테인먼트 전망」(2019)

를 봐도 디지털 음악 시대에 여전히 미국 음악 시장에서 공연 음악이 가장 큰 부문을 차지하는 것을 한눈에 확인할 수 있다.

미국 내 대중음악 시장에서 라이브 음악 매출의 80%는 음악 행사나 이벤트 참가자들의 티켓 구매 매출이다. 코첼라Coachella와 롤라팔루자Lollapalooza, 사우스 바이 사우스웨스트South by Southwest, EDC, 울트라ULTRA 등 미국 각지에서 벌어지는 각종 음악 축제들이 라이브 음악 시장 성장의 중요한 요소다. 이런 미국 음악 축제들이 해외 라이브 팬을 축제 장소로 불러들일 뿐 아니라 무대에 오르는 가수들 역시 미국 시장 진출에 시동을 걸 수 있는 등용문이 될 수 있다.

미국 대중음악 시장에서 가수나 그룹의 인기는 라이브 공연의 규모와 횟수, 관객의 반응으로 느낄 수 있다. 그래서 당대의 내로라하는 팝 스타들은 대형 라이브 투어를 기획하고, 무대에서 팬들과 직접 대면하면서 인기몰이에 나선다. 그렇기 때문에 K팝 가수들이 미국 시장에 진출하려면 라이브 공연에 겁을 내지 않아야 한다. "라이브 공연을 많이 해야 한다"는 말은 실력을 갖춰야 한다는 것과 일맥상통한다. 가창력, 안무 실력, 무대 매너까지 팬들과 직접 대면하며 소통하는 라이브 공연에서 아티스트의 실력은 그대로 드러난다.

이런 차원에서 BTS의 2018년 가을, 월드투어는 미국 주류 문화에 진입한 신호탄이라 할 것이다. 팝의 본고장인 미국의 대중문화 중심부를 밟아 나갔다는 점에서 여느 K팝 가수들의 투어와 다른 상징성이 있다. 아무리 인기가 있어도 비주류 문화로 인식됐던 K팝이 BTS의 대형 라이브 공연 투어로 주류 시장에 첫발을 내디뎠다는 평가를 받게 됐다. 이런 대규모 투어는 웬만한 K팝 가수들이 엄두를 내기 어렵다. 실제 팝 시장에서는 노래 한두 곡이 뜨거나 미디어가 만들어낸 현상만으론 대규모 투어를 성사시키기 어렵다. 「강남스타일」로 세계적인 센세이션을 일으킨 싸이도 현지 투어로 이어가진 못했다.

대형 라이브 공연을 성사시키기 어렵다고 해외 진출을 노리는 K팝 가수들이 라이브 공연을 포기할 수는 없다. 미국 도심 곳곳에서 벌어지는 음악 축제에 적극적으로 문을 두드리는 것도 하나의 해법이 될 수 있다.

이런 면에서 2019년 4월 캘리포니아주에서 열린 '코첼라 밸리 뮤직 앤 아트 페스티벌'[3]에 BLACKPINK 등 한류 아이돌 그룹과 혁오, 잠비나이 같은 인디밴드들이 참여해 화제를 불러일

3 미국 캘리포니아주 인디오에서 매년 4월 셋째 주 주말에 개최되는 음악 축제.

으킨 것은 긍정적으로 평가할 일이다. 특히 잠비나이는 한국 전통 악기와 현대적인 음악 기법을 섞어 'K팝=아이돌 음악'이라는 편견을 깰 수 있는 시간을 만들었다.

이와 함께 소규모 공연이나 K팝 그룹들의 합동 콘서트도 미국 시장 진출을 위한 소중한 기회다. 이 같은 콘서트를 연 이후 현지에서 K팝 가수들의 인기가 더욱 높아지고 확산되는 모습을 쉽게 볼 수 있기 때문이다. K팝 가수들이 미국 등 해외 무대에 자주 서야 하는 이유다. 이런 점에서 KBS가 세계 주요 도시를 돌며 공연했던 '뮤직뱅크 월드투어'는 K팝의 세계무대 진출에 적지 않은 영향을 끼쳤고, CJ가 매년 주관하는 K콘 역시 의미가 있다고 할 것이다.

## BTS, 북미투어로 '팝의 심장부' 강타

2018년 9월, BTS는 대중문화의 본고장 미국과 캐나다를 도는 대규모 북미투어를 통해 팝의 심장부를 강타했다. 로스앤젤레스를 시작으로 오클랜드·포트워스·해밀턴·뉴어크·시카고를 거쳐 뉴욕에서 북미투어 피날레를 장식하는 한 달간의 대장

정이었다. 7개 도시에서 15회 공연을 통해 BTS는 22만 명의 팬을 만났다. 당시 투어는 규모뿐 아니라 예매 시작과 함께 매 공연 매진 사례를 기록해 BTS의 현지 인기에 대한 일부 의구심까지 말끔히 씻어줬다. BTS는 북미투어, 월드투어를 통해 빌보드 차트 1위에 오른 인기의 견고함을 입증한 셈이다. 공연 방문지마다 팬들이 몰려 북새통을 이뤘고, 미국 현지의 방송사들은 이런 현상을 뉴스로 생생히 전달했다.

나는 BTS 북미투어 'Love Yourself'의 최종 종착지 뉴욕 시티필드 공연을 취재했다. 시티필드는 메이저리그 뉴욕메츠 홈구장이다. 4만 석 규모로 폴 매카트니, 비욘세, 레이디 가가 등 최고의 팝 스타에게만 공연이 허락됐던 곳이다. 비틀스는 1965년 당시 뉴욕메츠 홈구장이던 '셰이 스타디움'에서 전설적인 공연을 펼쳤다. 반세기 만에 '한국의 비틀스'라 불리는 BTS가 시티필드 무대에 선 것이다. 시티필드 공연으로 BTS는 미국에서 첫 대형 스타디움 공연을 한 한국 가수란 새로운 역사를 썼다. 예상대로 4만 석 규모의 공연장은 발 디딜 틈이 없었다. 공연 시작 3시간 전부터 팬들의 행렬은 끝없이 이어졌다.

팬들의 손에는 '아미 밤'이라 불리는 야광 응원봉과 BTS 멤버들에 대한 팬심을 담은 각종 소품이 쥐어져 있었다. 공연장 입장에만 1시간 넘게 걸렸지만, 팬들의 표정에선 피곤함이나 짜증 섞인 표정을 찾아볼 수 없었다. 텍사스에서 왔다는 엘리아는 KBS의 인터뷰 요청에 "BTS의 음악과 춤이 아주 좋고, 그들이 하는 모든 것이 큰 영감을 준다"며 흥분을 감추지 않았다. 이 공연을 보기 위해 사흘 동안 노숙을 했다는 케머린도 "음악을 통해 가수들과 소통하는 걸 좋아하는데, BTS는 모든 사람과 소통하는 것 같다"며 공연에 대한 큰 기대감을 보였다.

공연은 한 편의 웅장한 서사시 같았다. 공연 1시간 전부터 대형 전광판에 BTS의 히트곡 뮤직비디오와 멤버들의 인사말, 활동 영상이 소개되자 팬들의 환호가 메츠 구장을 떠나갈 정도로 울려 퍼졌다. BTS가 무대에 등장하기 전부터 축제 분위기였다. 히트곡 「IDOL」로 시작된 첫 무대부터 BTS 멤버들의 힘차고 일사불란한 군무와 4만여 관중의 함성이 장내를 가득 채웠다. 관객들 손에 있는 야광봉이 음악에 맞춰 시시각각 색이 변하며 파도처럼 출렁였다. 국적을 불문한 팬들의 한국어 '떼창'과 거대한 함성으로 넘실대며 공연장은 'BTS 세상'이 됐다. 150분 내내 팬들은 한 명도 자리에 앉아 있지 않았다.

어둠이 깔리자 반짝이는 수만 개의 아미 밤(야광 응원봉)이 BTS의 안무와 노래에 맞춰 더욱 환한 빛을 밝히며 반응했다. 청년들의 고민에 공감하고 위로하는 가사를 힙합 선율에 녹여 관객들에게 희망의 에너지를 선사하는 BTS의 열창에 뉴욕의 밤이 들썩였다. 4만 명이 몰릴 혼잡에 대비해 뉴욕지하철공사는 소셜네트워크서비스에 대체 노선을 추가한다고 운행 변경 공지까지 했을 정도였으니, BTS의 인기를 확인할 수 있는 무대였다.

취재를 마치고 돌아오는 길에 만난 택시 기사는 당일 아침에 JFK공항에서 브라질 리우데자네이루에서 온 관광객을 태웠다고 했다. 아버지와 두 딸이었는데 BTS 공연만 보고 내일 돌아간다는 얘기를 들었다며 BTS 인기가 대단하냐고 내게 물었다. 관광지로도 유명해 전 세계에서 관광객이 몰려드는 뉴욕인데, 뉴욕 관광은 생략하고 공연을 본 뒤 돌아갈 정도니 얼마나 대단한 그룹이냐는 것이다. 그의 인기를 설명해주면서 어깨가 으쓱해졌다. 한국 문화에 대한 자부심 때문이다. BTS가 한류 수출의 첨병 역할을 하며 전 세계로 뻗어가고 있는 것을 느낄 수 있었다.

시티필드 공연이 끝난 뒤 외신들은 폭발적인 신드롬을 만들어낸 BTS의 성공적인 북미투어 의미와 이들의 현상을 짚어보는 분석 기사를 잇달아 게재했다. 《뉴욕타임스》는 어떤 공연보다 시티필드 공연이 가수와 팬이 완벽한 교감을 한 무대였다고 극찬했다. BTS를 미국에서 가장 성공한 K팝 가수라고 평가하고,

4만 명의 관객과 함께 토요일 밤은 때론 땅이 흔들릴 정도로 활기찬 공연이었다고 분위기를 전했다.《뉴욕타임스》는 BTS 공연을 보러 온 팬들 손에 쥐여 있는 커다란 조명기구에도 높은 관심을 보였다. 팬들이 6만 원이 넘는 돈을 기꺼이 지불하고 야광봉을 산 뒤 공연장에 입장했고, 공연 주최 측은 조명기구를 원격 조정해 무대 주변과 관객석에서 끝없이 변하는 색채의 파도를 선보였다고 전했다.《뉴욕타임스》는 팬들의 손에 든 야광봉이 자신들이 좋아하는 가수와 소통하는 통로가 됐다고 평가했다.

외신들은 BTS 팬들의 헌신적인 노력도 집중 조명했다. 뉴욕 공연만 해도 티켓 판매를 시작한 지 15분 만에 4만 석이 매진됐다. 일곱 멤버와 더 가까운 곳에서 호흡하고 싶다며 미주 공연 내내 공연장 주변에서 일주일 전부터 텐트를 치고 노숙을 하는 진풍경이 현지 기자들에게 대단한 사회문화적 현상으로 받아들여졌다.《뉴욕타임스》는 공연 후반, BTS의 멤버 RM이 "당신 스스로를 존중하고 사랑하고 싶을 때 BTS를 이용하라"라는 말을 했을 때, 팬들의 미소가 어떤 빛보다 밝았다고 전했다.

미국의 음악 매체《롤링스톤》도 BTS가 "뉴욕 시티필드에서 환호성 가득한 쇼로 미국투어를 마무리했다"며 "일곱 멤버는 이전 K팝 그룹이 가지 못했던 길을 당당히 걸어가고 있다"라고 보도했다. "BTS의 노래 가사 대부분은 한국어였지만 현지 팬들에게는 어떤 문제가 되지 않았다"며 "공연 내내 BTS가 전하는 아름다운 메시지에 푹 빠졌다"는 팬들의 인터뷰를 게재했다.

## KCON 2019 New York

한류의 세계화를 목표로 국내 기업 CJ ENM이 해외에서 매년 개최하는 K팝 콘서트가 있다. 약칭 K콘이라 불리는데, 2012년부터 북미·중동·유럽·중남미·아시아 등에서 K팝 스타와 신인 아이돌 그룹을 무대에 올려 해외 팬들의 사랑을 받았다. K콘은 세계 경제·문화의 중심지 뉴욕 진출을 표방하며 2015년부터는 뉴저지주 뉴어크 푸르덴셜센터에서 콘서트를 진행해왔는데, 2019년 매디슨스퀘어가든으로 개최지를 옮겼다. '팝 문화의 메카' 뉴욕의 심장부에 있는 매디슨스퀘어가든은 세계적으로 유명한 공연장이다. NBA팀 뉴욕닉스의 홈구장이고 마이클 잭슨, 마돈나, 빌리 조엘 같은 유명 팝 스타들이 섰던 '꿈의 무대'로 통한다. K콘의 매디슨스퀘어가든 입성은 마니아 중심의 틈새 문화였던 K팝이 세계 대중문화계의 주류에 진입했다

2019년 7월 매디슨스퀘어가든에서 열린 K콘. © CJ ENM

는 의미로 해석된다.

이틀 동안 2019 K콘 공연에는 11개 팀이 출연했다. 뉴이스트(NU'EST), SF9(에스에프나인), 세븐틴 같은 정상급 인기 가수 외에도 신인 아이돌 그룹이 그동안 갈고닦은 실력을 선보였다. VERIVERY(베리베리), 아이즈원, AB6IX(에이비식스), ATEEZ(에이티즈) 등 데뷔 1년 차 신인들도 열정적인 무대 매너와 화려한 실력으로 미국의 첫 무대를 성공적으로 장식했다. '신인의 등용문'이라는 취지에 걸맞게 5개 팀은 데뷔 1년 이내 신인으로 구성됐다. 세계적인 스타로 자리매김한 BTS도 2014년 '신인 아티스트'

로 로스앤젤레스 K콘 무대에 서면서 미국 시장에 진출했다.

객석을 가득 메운 2만여 관객들은 K팝 가수들의 노래와 춤을 일일이 따라 하며 열광했다. 2시간 넘는 공연 내내 환호가 끊이지 않았고, 객석까지 전율이 느껴졌다. K콘 티켓 구매층의 변화도 감지됐다. CJ ENM 측은 "18~24세 관람객이 70%를 웃돌고 있고, 아시아계 미국인 비율은 줄어드는 반면, 아프리카계·히스패닉계 비율이 증가하고 있다"라고 전했다. NBC, ABC, CBS, FOX5, NEW YORK 1 등 현지 방송에서도 K콘 소식을 잇달아 전하며 K팝에 대한 높은 관심과 기대감을 확인시켜줬다.

하지만 콘텐츠가 전개되는 데 아쉬운 점도 있었다. K팝이 좋아 한글을 익힌 팬들도 있지만, 상당수 관객이 한국말에 익숙하지 않은데, 공연 중간에 브리지 콘텐츠로 담은 퀴즈가 멤버들 간의 한국말 말장난 수준에 그쳐 공연의 완성도를 떨어뜨렸다. 통역도 아쉬움이 남아 K팝 가수들의 노래와 퍼포먼스에 열광했던 팬들이 해당 콘텐츠가 진행될 때 자리를 뜨는 모습을 확인할 수 있었다. 차라리 K팝 가수들이 말로 하지 않고도 자신들의 실력을 보여줄 수 있는 논버벌Non Verbal 퍼포먼스 코너나 댄스 배틀 등을 구성했으면 어땠을까 하는 생각이 든다. 그래도 공연을 끝까지 즐기고 나오는 팬들의 얼굴에는 열기와 K팝에 대한 사랑이 살아 있었다.

2020년 K콘은 코로나-19 때문에 언택트 공연으로 진행됐다. 2020년 6월 20일부터 26일까지 일주일간 펼쳐진 'KCON:TACT 2020 SUMMER'의 성과와 향후 언택트 공연 계획을 행사를 주관한 CJ ENM 음악콘텐츠본부 김현수 사업부장에게서 들었다. 김현수 부장은 "2020년 K콘 공연은 유튜브, 티빙, 쇼피Shopee, 에이아이에스AIS 등 디지털 플랫폼을 통해 전 세계 153개 지역에서 405만 명의 관객이 함께했다"라고 했다. 이 수치는 8년간 24회의 오프라인 K콘에 방문했던 관객 수(110만 명)보다 3.5배 이상 많은 것이라고 설명했다. CJ ENM은 디지털 플랫폼에서 처음 진행하는 이 행사를 위해, 콘서트와 온라인 팬 미팅에 AR과 VR를 포함한 '확장현실XR: eXtended Reality' 기술을 도입했다. 이를 통해 상상에서만 가능했던 다채로운 무대를 현실화시켰고, 아티스트와 팬들 간의 실시간 쌍방향 소통을 가능하게 했다.

빅히트의 '방방콘 라이브', SM의 'Beyond LIVE' 등을 통해 팬들과의 소통을 이어가고 큰 수익을 창출하는 전략과 맥을 같이한다. 대중문화계가 코로나-19의 최대 피해 분야가 될 수 있지만, K팝의 창조자들은 온·오프라인 페스티벌을 병행하며 행사 특징에 맞는 다양한 콘텐츠를 개발해, K컬처의 세계화와 저변을 확대하는 데 나서고 있다. 1990년 후반 K팝이 음반 시장의 몰락으로 닥친 위기의 순간을 해외 시장 진출이란 기회로 삼은 것처럼 코로나-19란 큰 위기를 첨단 IT 기술과 접목한 각종 음악 콘텐츠 개발로 K팝의 공연 문화를 한 단계 업그레이드하고 있다.

**K콘 공연(2012~2019)**

| 연도 | 지역 | 장소 | 관객 수 | 콘서트 아티스트 |
|---|---|---|---|---|
| 2012 | 미국 어바인 | 버라이존 엠파이어시티 | 1만 명 | 10팀<br>(EXO-M, 포미닛, 빅스 등) |
| 2013 | 미국 LA | LA 메모리얼<br>스포츠 아레나 | 2만 명 | 11팀<br>(GD, EXO-M 등) |
| 2014 | 미국 LA | LA 메모리얼<br>스포츠 아레나 | 4.3만 명 | 10팀<br>(GD, 아이유, 소녀시대 등) |
| 2015 | 일본 도쿄 | 사이타마 수퍼아레나 | 1.5만 명 | 14팀(GOT7, 러블리즈 등) |
| | 미국 LA | LA컨벤션센터,<br>스테이플스센터 | 7.5만 명 | 9팀(슈퍼주니어, 씨스타, 신화, 레드벨벳 등) |
| | 미국 뉴욕 | 푸르덴셜센터 | 1.7만 명 | 4팀<br>(소녀시대, 틴탑, AOA 등) |
| 2016 | UAE 아부다비 | 두 아레나 | 8,000명 | 7팀(BTS, 태연, 규현 등) |
| | 일본 도쿄 | 마쿠하리 메세 | 3.3만 명 | 17팀<br>(TWICE, 2PM, 위너 등) |
| | 프랑스 파리 | 아코르 호텔 아레나 | 1.35만 명 | 6팀(BTS, 블락비, 샤이니, FT아일랜드, I.O.I 등) |
| | 미국 뉴욕 | 푸르덴셜센터 | 4.2만 명 | 9팀(다이나믹듀오, 비투비, 세븐틴, 마마무, BTS 등) |
| | 미국 LA | LA컨벤션센터,<br>스테이플스센터 | 7.6만 명 | 14팀(BTS, I.O.I, 샤이니, 터보, TWICE 등) |
| 2017 | 멕시코<br>멕시코시티 | 멕시코시티 아레나 | 3.3만 명 | 8팀(BTS, 에릭남, EXID, NCT 127, 아스트로 등) |
| | 일본 도쿄 | 마쿠하리 메세 | 4.85만 명 | 27팀(GOT7, 에이핑크, 몬스타엑스, 블락비, 세븐틴 등) |
| | 미국 뉴욕 | 푸르덴셜센터 | 4.3만 명 | 9팀(여자친구, TWICE 등) |
| | 미국 LA | LA컨벤션센터,<br>스테이플스센터 | 8.5만 명 | 14팀(세븐틴, GOT7, 우주소녀, 헤이즈, 워너원 등) |
| | 호주 시드니 | 시드니 쿠도스<br>뱅크 아레나 | 2.1만 명 | 9팀(워너원, SF9, 우주소녀, EXO 등) |

| | | | | |
|---|---|---|---|---|
| 2018 | 일본 도쿄 | 마쿠하리 메세 | 6.8만 명 | 28팀(워너원, TWICE, 세븐틴, 여자친구, 우주소녀 등) |
| | 미국 뉴욕 | 푸르덴셜센터 | 5.3만 명 | 10팀(워너원, 슈퍼주니어 등) |
| | 미국 LA | LA컨벤션센터, 스테이플스센터 | 9.4만 명 | 19팀(워너원, TWICE, 에일리, 세븐틴 등) |
| | 태국 방콕 | 방콕 임팩트 아레나 | 4.2만 명 | 14팀(워너원, GOT7, 몬스타엑스 등) |
| 2019 | 일본 도쿄 | 마쿠하리 메세 | 8.8만 명 | 29팀(TWICE, 아이즈원, 청하, 펜타곤 등) |
| | 미국 뉴욕 | 매디슨스퀘어가든 | 2만 명 | 11팀 (세븐틴, TXT, 뉴이스트 등) |

출처: CJ ENM

05

# 팬덤으로 승부한다

최근 K팝 가수들의 세계 대중음악 시장 진출이 활발해지면서 해외에도 K팝 팬들이 늘고 있다. 그런데 해외의 K팝 팬들은 특정 가수를 선호하기보다는 여러 K팝 아이돌 그룹을 두루 좋아한다. 하지만 BTS의 해외 팬들은 좀 다르다. BTS만 좋아하는 팬들이 대다수다. 직관적으로 보이는 팬덤 양상이 한국 팬들과 흡사하고, 온·오프라인에서 하나의 집단처럼 조직적으로 움직인다. 10대에서 50·60대까지 나이 폭도 넓다.

BTS 팬클럽 명칭은 '아미(A.R.M.Y.)'다. 'Adorable Representative M.C. for Youth'의 약자인데, 번역하면 '청춘을 대변하는 사랑스러운 대변인 MC'다. 국내에서는 40·50대의 BTS 팬 모임도 있는데, '어미(엄마+아미를 줄였다고 한다)'란 별칭을 갖고 있다. 일정 장소를 빌려 정기 모임을 하고, BTS의 음악을 함께 들으며 멤버들의 동정을 공유한다. 어린 팬들에 비해 상대적으로 경제력이 더 있다 보니 BTS의 국내외 공연 티켓과 앨범 등을 아낌없이 구매하며 뜨거운 팬심을 표시한다.

대중문화 시장에서 BTS 같은 보이그룹은 걸그룹에 비해 팬덤 층이 두텁다. 열광적인 여성 팬들에 힘입어 앨범이나 콘서트 티켓 판매 등 확고한 마켓을 확보할 수 있기 때문이다. 반면 걸그룹은 대중성은 있지만, 특정 가수를 열성적으로 좋아하는 팬덤으로 발전되는 경우가 많지 않았다. 걸그룹을 좋아하는 팬들이 주로 남성 팬들이라서 앨범이나 공연 티켓 구매까지는 잘 이어지지 않는다는 우스갯소리도 나온다. 남성 팬들은 게임이나 스포츠 등 다른 곳에 먼저 돈을 써서 그렇다고 한다.

최근에는 BLACKPINK, TWICE, 아이즈원 등 걸그룹의 팬덤층도 두터워졌다. 강한 여성상을 표방한 '걸 크러시' 모습을 보이면서 남성 팬뿐 아니라 여성 팬들까지 많이 확보하게 됐다.

여러 구설에도 굳건한 인기를 다시 확인한 아이즈원은 팬덤의 힘이 K팝 성공에 얼마나 중요한지 확인할 수 있게 했다. CJ ENM 계열인 Mnet의 대표 프로그램 '프로듀스' 시리즈의 조작 사건이 불거진 이후 해체 논란에도 팬덤의 힘으로 되살아난 사례다.

팬덤의 힘은 대단하다. 음악을 통해 가수와 팬들이 동반자 관계로 상생하고, 자신들이 좋아하는 가수의 음악을 통해 팬들 간의 관계도 더욱 가까워진다. 팬덤 없는 K팝의 인기는 '사상누각'과 같다. 두터운 팬덤이 형성돼 인기가 올라간 K팝은 반석 위에 세워진 기초가 단단한 탑이라 할 수 있다. 팬들과의 끊임없는 소통을 통한 팬덤의 확대가 K팝의 성공을 좌우할 수 있는 핵심 요소라 해도 과언이 아니다.

## 한국 대중문화 발전의 한 축, 오빠부대

한국 대중음악계에서 팬클럽 문화는 1980년대 오빠부대에서 유래됐다고 할 수 있다. 당시 유명 스타의 집 앞에서 밤샘하며 기다리거나 행사장이 있는 곳이면 어디든 찾아가는 열성 팬들을 오빠부대라 불렀다. 물론 그 이전인 1970년대에도 남진과 나훈아를 추종하는 여성 팬들이 있었지만 조직화되지 않았다.

1980년대 컬러 방송이 시작됐고, 그 중심에 조용필이 있었다. 1968년 록그룹 애트킨즈로 데뷔한 그는 「창밖의 여자」 「단발머리」 「돌아와요 부산항에」 「못 찾겠다 꾀꼬리」 「허공」 「킬리만자로의 표범」 등 수많은 히트곡을 쏟아내며 한 시대를 풍미했다. 조용필에 열광하는 10·20대 여성 팬들이 팬클럽이라는 이름으로 조직화하면서 오빠부대가 형성됐다. '슈퍼스타'나 '국민가수' 등의 찬사가 따라붙는 조용필에게 빠질 수 없는 수식어가 '영원한 오빠'다. 그가 무대에서 "기도하는~"이라고 노래를 시작하면 객석의 팬들은 "오빠~"라고 외치면서 열광했다. 이들은 공연장을 찾아다니면서 열광하던 이전의 팬들보다 더 적극적으로 공세에 나섰다. 방송국을 찾아가 무작정 기다리다 사인을 요구하고, 집 앞까지 몰려가서 얼굴을 보기 위해 밤낮을 가리지 않고 기다렸다.

조용필의 오빠부대는 지금도 팬클럽 연합으로 존재하면서 조용필의 공연마다 맨 앞자리를 차지하며 그를 지지하고 있다. 현재는 1997년 결성된 '이터널리'를 비롯해 1999년 출발한 '미지의 세계', 2001년 출발한 '위대한 탄생'까지 3개 팬클럽이 '원

한국 팬덤 문화의 발전

| 시대 | 팬덤 형태 | 팬덤 주도 가수 |
|---|---|---|
| 1970년대 | • 공연장 찾는 여성 팬 중심<br>• 조직화되지 않음 | 남진, 나훈아 |
| 1980년대 | • 집 앞, 행사장 무작정 찾는 '오빠부대' | 조용필 |
| 1990년대 | • 조직적인 응원 문화<br>• 스타 응원하고 지지 | 서태지와 아이들, H.O.T., 젝스키스, god 등 |
| 2000년대 이후 | • 조직적·체계적 서포터 문화<br>• 스타 보호와 변호 주력<br>• 해외로 팬덤 확대 | 동방신기, 슈퍼주니어, 빅뱅, BTS, BLACKPINK, SuperM 등 |

조 오빠부대'로서 굳건히 하고 있다.

조용필 이후 팬클럽 문화는 더욱 활성화된다. 1990년대 서태지와 아이들, H.O.T., 젝스키스, god 등 1세대 아이돌 스타의 등장 이후 조직적인 응원 문화와 팬덤 문화가 폭발적인 성장을 한다. 그런데 1세대 아이돌 그룹들이 줄줄이 해체하면서 팬덤 문화도 정체기를 맞는다. 2000년대 들어 동방신기, 슈퍼주니어, 빅뱅 등 2세대 아이돌 스타의 등장과 함께 팬덤도 되살아났는데, 이전과 또 다른 모습을 보여줬다. 2000년대 이전 팬덤은 좋아하는 스타를 응원하는 지지자의 역할이 강했다면, 이후에는 스타를 보호하거나 변호하고 성공을 위한 조직적이고 체계적인 지원을 하는 서포터로서의 역할로 확대됐다. 한국을 넘어서 중국·일본·인도네시아·태국 등으로 팬덤 범위가 확대됐고 이는 한류 열풍의 결정적 계기가 됐다.

이처럼 한국의 팬클럽 문화는 10년마다 드라마틱한 성장을 보여줬지만, 미국 등 해외 팬클럽 문화는 좋아하는 스타의 공연에 열광하고, 새 음반이 나오면 구매하거나 그들의 동정을 쫓는 수준에 그치고 있다. 한국의 1970년대 팬덤 수준이라 할 것이다. 최근 한국의 팬클럽 문화가 수출돼 10·20대뿐 아니라 40·50대 성인도 좋아하는 K팝 가수들을 보기 위해 공연장 앞에서 노숙하거나 새 앨범이나 굿즈를 사기 위해 새벽부터 매장 앞에서 진을 치는 모습도 볼 수 있다.

한국의 '오빠부대'는 우리 시대의 대중문화를 소비하고 이끌어가는 '제3의 문화 권력'으로 진화했다. 과거 팬클럽이 무분별하게 스타를 추종하는 충동적이고 자의식이 부족한 10대 여학생들의 모임 정도로 인식되었으나, 이제는 대중문화를 주도하는 주체로 떠올랐다. 최근 팬클럽은 맹목적으로 스타를 따르는 단순한 형태에서 탈피해 스타를 진정으로 아끼는 마음으로 모금 활동을 하거나 사회봉사 활동을 펼치는 등 건전하고 성숙하게 발전하고 있다.

## K팝 팬덤 문화의 진화

2020년 6월 8일, CNN은 흥미로운 기사를 게재했다. K팝 팬덤이 온라인에서 경찰의 폭력적 진압으로 사망한 조지 플로이드 사건으로 촉발된 인종차별 시위를 어떻게 보호했는지에 대한 내용이었다. 플로이드 사망 후 미국 전역에선 '흑인의 생명도 소중하다'라는 의미의 #Blacklivesmatter가 소셜네트워크서비스 등을 통해 급속도로 확산됐다.

하지만 일부 시위가 과격 양상을 보이자, 이를 반대하고 억압하려는 움직임이 나타났다. 텍사스주 댈러스 경찰이 불법 시위 영상을 제보하라며 '아이워치 댈러스iWatch dallas' 앱을 소셜네트워크서비스에 공개했고, 이후 워싱턴주 커클랜드 경찰청과 미시간주 그랜드래피즈 경찰국 등도 폭동과 약탈 정보를 공유해줄 것을 소셜네트워크서비스를 통해 요청했다. 일각에서는 플로이드 관련 시위에 반대하는 의미의 #Whitelivesmatter 같은 해시태그까지 등장했다.

이 같은 분위기의 확산으로 코너에 몰린 미국의 인종차별 항의 시위대를 구하고 나선 건 다름 아닌 K팝 팬덤이었다. 이들은 자신이 좋아하는 K팝 스타의 공연 영상과 사진을 경찰의 앱과 #Whitelivesmatter 해시태그에 첨부하는 '밈' 방식으로 인종차별 항의 시위대를 도왔다. 경찰의 불법 시위 감시 앱에 BTS나 BLACKPINK, EXO 동영상과 사진을 셀 수 없을 정도로 올리자, 과부하가 걸려 댈러스 경찰 앱 등은 한동안 멈춰 구동이 안 될 정도였다. 제보자의 전화번호를 입력하는 경찰 포털에 K팝 팬들은 다른 경찰서 번호를 입력하도록 서로 독려했고, 시위대의 불법 행위 대신 시위대를 폭력적으로 진압하는 경찰의 영상을 제보하는 사람도 있었다.

CNN은 이런 K팝 팬덤을 "2019년 소셜네트워크서비스에 60억 건의 포스팅을 올린 소셜 미디어의 가장 강력한 군대"라고 소개하며, "이들이 가장 잘하는 방식으로 인종차별 반대 시위를 도왔다"라고 전했다. 다음은 당시 CNN의 인터넷 기사 일부다.

> If there's one rule on social media that people can agree on, it's this: Don't cross K-pop stars.
>
> 만약 소셜 미디어에 대해 모두가 동의할 수 있는 규칙이 하나 있다면, 그것은 K팝 팬덤을 거스르지 말라는 것이다.

AP통신도 당시 K팝 팬들의 움직임을 "미국 인종차별 항의 시위대의 예상치 못한 동맹군"이라고 묘사했다. 현지 언론들은 또한 유명 K팝 스타들이 '인종차별에 반대한다'라는 메시지를 소셜네트워크서비스에 게시하고, BTS와 소속사에 이어 전 세계 팬들이 흑인 인권 운동 캠페인에 200만 달러(약 24억 원)가 넘는 기부금을 전달했다는 소식도 자세히 전했다.

K팝 팬들이 미국 등 각국의 사회 문제에 조직적인 움직임을 보인 것은 이번이 처음은 아니다. 동성애자, 양성애자, 성전환자, 성소수자 등의 차별 문제 등을 규탄하는 시위에 동조하는 움직임을 보인 적도 있다. K팝 음악과 가수의 움직임에 열광하는 팬들이 세계 각국의 사회 문제에도 의견을 표시하고 사회 움직임에 힘을 보태며 팬덤 문화가 진화하는 모습이다.

K팝 팬덤의 이런 조직적 활동이 미국 내 한인 동포 사회와 흑인 간의 인종 갈등 완화에 도움이 될 것으로 보인다. 실제로 K팝 팬덤이 미국 내 인종차별 시위 보호에 나섰다는 소식이 알려지면서, 흑인 트위터 사용자들이 한국 대중음악에 관한 관심이 높아졌다고 한다. 흑인과 한인 커뮤니티 간의 교류도 빈번해졌다. K팝 팬덤이 다양한 공동체와 디지털 상호 작용을 통해 각종 사회 문제에 대한 영향력을 행사하면서 서로 발전하고 있는 셈이다.

## 센트럴파크에 등장한 'BTS 빌리지'

BTS 공연이 예정된 곳에 어김없이 생기는 것, 바로 BTS 팬들이 공연장 앞에 며칠 전부터 옹기종기 모여들어 세워지는 텐트촌이다. 현지 언론들은 도심 속에 마을처럼 형성된 BTS 팬들의 텐트촌에 높은 관심을 보이며 신조어까지 만들었는데, 'BTS 빌리지'다. BTS 멤버들을 조금이라도 가까이서 보고 싶다며 팬들은 일주일 전부터 공연이 예정된 장소에서 진을 치기 일쑤다. 그런 BTS 빌리지가 2019년 5월 맨해튼의 센트럴파크에도 만들어졌다. ABC 방송이 매년 여름, 유명 가수를 센트럴파크에 초청해 공연을 선보이는데 2019년 서머 페스티벌 첫 무대의 주인공이 BTS였기 때문이다.

외국 가수가 뉴욕의 유명 여름 음악 축제의 시작을 알리는 무대에 초청받았다는 자체도 관심을 끄는 일이었지만, 현지 언론들이 더 주목한 것은 BTS 팬클럽 '아미'의 움직임이었다. BTS 공연 일주일 전부터 센트럴파크 일대에서 노숙하며 진을 친 BTS 팬들의 소식이 화제가 됐다.

BTS 공연이 예정됐던 주는 뉴욕 일대에 비가 내리고 쌀쌀한 날씨가 이어졌다. KBS와 현지 언론들은 두꺼운 옷과 우산 등으

BTS의 센트럴파크 공연을 앞두고 어김없이 등장한 'BTS 빌리지'.

로 무장한 채 밤샘 노숙을 불사한 팬들의 모습을 카메라에 생생하게 담았다. 용감무쌍하게 센트럴파크 안에 텐트를 쳤던 팬들도 있었는데, 안전 문제 등으로 공원 경찰 당국의 요청에 따라 공원 밖으로 밀려났다. 그래서 자리를 잡은 곳이 센트럴파크와 인접한 인도였다. 현지 언론들은 BTS 팬들이 다소 쌀쌀한 날씨에도 노숙을 감행하는 열정을 대서특필했다.

나도 센트럴파크 담장 근처에 텐트를 치고 간이용 의자에 몸을 의지한 채 5일간 노숙한 BTS 팬을 인터뷰했는데, "다른 팬들과 함께 BTS의 음악 세계를 공유하면서 생활해 피곤한 것을 전혀 느끼지 않는다" "그들의 음악에 큰 감명을 받고 그들을 사랑

한다. 빨리 공연을 봤으면 좋겠다"며 환한 미소를 지었다. 팬들은 BTS 공연이 끝난 뒤 떠나면서 노숙 장소를 깨끗이 정리하는 성숙한 모습을 보이기도 했다.

하지만 한국뿐 아니라 미국에서도 이들을 이해하지 못하는 사람들이 적지 않다. 그래도 다른 사람의 시선을 신경 쓰기보다 자신이 좋아하는 것에 열정을 쏟아부으며 행복을 찾는 요즘 젊은 세대의 모습을 현지 언론들은 하나의 사회 현상으로 분석하면서 관심을 쏟고 보도했다.

## K팝 팬, 미국 대선 가도에도 영향

도널드 트럼프 전 미국 대통령이 2020년 당시, 코로나-19로 중단했다가 석 달여 만에 재개한 대선 유세가 K팝 팬들의 방해로 처참한 실패를 보게 됐다는 소식이 전해졌다. 2020년 6월, 오클라호마주 털사에서 열릴 유세에 앞서 트럼프 캠프 측은 100만 명이 넘는 지지자들이 참석 신청을 했다고 발표했다. 유세 당일, 1만 9,000석 규모의 관중석은 3분의 1가량이 텅 비었다. 당혹스러운 상황이 벌어지자, 트럼프 대통령 재선 캠프 측은 입구에서 반反트럼프 시위대가 지지자들의 입장을 막아 유세 참석률이 저조했다고 주장했다.

현지 언론들의 보도 내용은 달랐다. 《뉴욕타임스》는 '틱톡'을 사용하는 청소년들과 K팝 팬들이 수십만 장에 이르는 표를 예약하고는 현장에 나타나지 않는 '노 쇼' 운동 때문에 트럼프의 유세가 침몰했다고 보도했다. 당시 상황을 설명하면 이렇다.

트럼프 대통령 재선 캠프가 트위터에 '털사 유세장 무료입장권을 휴대전화로 예약하라'는 공지를 띄우자, K팝 팬들이 이 내용을 퍼다 나르며 팬클럽 회원들의 입장권 예약 신청을 독려했다. 틱톡에서도 이와 유사한 내용의 동영상이 널리 공유됐다. 대부분 사용자는 글을 올리고 나서 트럼프 캠프 측이 눈치채지 못하도록 게시물을 지웠다. 유세 당일, 털사 유세장 입장을 예약했던 K팝 팬덤과 틱톡 사용자들은 유세장에 가지 않고 트위터를 통해 '노 쇼' 캠페인이 승리를 거뒀다고 선언했다.

최근 들어 K팝 팬덤이 미국 정치 문제와 사회 문제에 관여하는 경우가 더 늘고 있다. K팝 팬들이 트럼프 대통령의 생일날, 트럼프 캠프 측에서 대통령에게 보낼 생일 축하 메시지를 요청했을 때도 자신이 좋아하는 가수의 영상을 편집한 뒤 대량으로 보내 세를 과시한 것도 같은 사례다. K팝 팬들의 이런 움직임에 대해 호불호가 갈릴 수 있겠지만 세계 최강국 미국의 대통령 선거 유세에도 영향을 끼친다는 소식을 통해 K팝 팬덤의 힘이 커졌다는 것을 세계인들도 확인할 수 있었다.

## 1등 압박에서 벗어나자

차트 산정 기간이 끝나갑니다. 신곡이 발매 첫 주 빌보드 차트 상위권에 진입하는 게 중요합니다. 다운로드는 기본이고, 스트리밍도 열심히 돌려주세요.

유명 K팝 아이돌 그룹이 새 앨범을 내면 소셜네트워크서비스 계정에 이런 영어 글이 잇따라 올라온다. 그러면 사진이 첨부된 댓글이 수만 건 달리는데, 대부분 팬이 곡을 다운로드했거나 스트리밍을 수백 회 재생했다는 인증샷이다. 미국의 지역 라디오 방송국에 K팝 가수의 신곡 신청을 독려하고, 심지어 전화 신청 방법을 담은 매뉴얼까지 소셜네트워크서비스를 통해 퍼진다. BTS, BLACKPINK, SuperM 등이 빌보드 차트 1위나 상위권을 차지한 것도 국내외 K팝 팬들의 조직적인 움직임 덕분이란 분석이 많다. '팬덤형 히트'란 것이다.

대중음악평론가 이대화는 "BTS의 「Dynamite」도 오로지 1위를 위한 족집게 전략으로 정상에 올랐다"라고 분석했다.[4] 빌보드는 리믹스곡과 원곡을 하나로 합산해 차트를 발표하는데, BTS는 「Dynamite」 원곡과 비슷한 시점에 리믹스곡을 4곡이나 내서 1곡을 발표한 가수에 비해 관심을 더 받게 했다고 지적했다. 다운로드 가격을 1.29달러(약 1,420원)가 아닌 0.69달러(약 759원)로 정한 것도 이런 의심을 살 수 있다는 언급을 했다. 팬들이 여러 버전을 싼값에 내려받을 수 있도록 했다는 것이다.

발매 첫 주 「Dynamite」가 다운로드 18만 회, 스트리밍 1,700만 회를 기록한 것도 최근 스트리밍 시대 추세에 맞지 않는다고 주장했다. 당시 큰 인기를 끈 카디 비의 「WAP」의 첫 주 성적인 다운로드 12만 회, 스트리밍 9,000만 회와 비교가 된다면서 「Dynamite」의 빌보드 차트 1위는 팬덤형 히트에 해당한다고 했다.

이런 움직임이 불법은 아니다. BTS뿐 아니라 BLACKPINK, EXO, TWICE 등 K팝 아이돌 그룹의 팬덤이 이 같은 조직적 움

4 「「동아 시론」 "K팝, 이젠 '순위 압박'서 벗어나자"」, 《동아일보》, 2020년 9월 15일.

직임을 통해 자신들이 좋아하는 가수들이 차트에서 상위권을 차지할 수 있도록 힘쓰고 있다. 팬 입장에서는 이것이 본인이 좋아하는 K팝 가수에 대한 애정의 표현이고, 다른 가수 팬덤과 결집력의 차이를 보여주는 징표라고 생각한다.

문제는 이런 식의 차트 1위 만들기에 대한 부정적 인식이다. 팬들이 자발적으로 하는 행위라 부정행위는 아니다. 그렇지만 이론적으로 얼마든지 순위 조작까지 가능해 해외 대중음악계 전문가들과 음악 애호가들이 의심할 수 있다. K팝 가수들의 실력이 향상됐고, 해외 무대 진출을 꾀하는 국내 연예기획사들의 역량도 커진 만큼 불필요한 의심을 받을 필요는 없다.

기획사들은 열성 팬들의 팬심을 1위 만들기에 이용하기보다는 소속 가수들이 갈고닦은 실력을 세계무대와 팬들에게 보여줘 담담히 평가를 받으면 된다. 팬들도 무리한 순위 올리기 활동보다는 정상적인 방법으로 열성을 다해 가수를 응원하고 해외 시장의 평가를 지켜보면 충분하다. 세계 시장에서 K팝은 더 성장할 수 있는 역량이 있다. 그래서 이제는 '1등 만들기' 압박에서 기획사나 가수, 팬들은 모두 벗어나야 한다.

06

# 영어 K팝을 만들어라

현재까지 해외 시장에서 인기를 얻은 K팝은 대부분 한글 가사다. 곡의 인트로나 후렴구에 맛보기 정도로 첨가되는 간단한 영어 가사는 있었지만, 곡의 근간은 한글 가사였다. 미국 등 전 세계 팬들에게서 열광적 사랑을 받고 있는 BTS도 한글로 된, 심지어 구수한 사투리까지 곁들인 한글 가사의 곡들을 발표했다. 오랜 기간 해외 팬들과 소셜네트워크서비스 등을 통해 멤버 개개인의 생각을 나누고 가사의 의미를 공유하는 노력이 있었기에 꾸준히 인기를 얻을 수 있었을 것이다. 이런 BTS도 2020년 8월 신곡 「Dynamite」를 발매하면서 과감한 변모를 꾀했다. 데뷔 이래 처음, 전체 가사가 영어로 된 노래를 불렀다.

냉정하게 말해 미국 등 해외 시장에서 대부분 K팝 아이돌 그룹의 인기는 퍼포먼스와 짜임새 있는 음악 선율 때문에 세계 팝 시장 진입에 성공했다. 댄스 퍼포먼스가 많은 K팝은 그렇다 치더라도, 발라드같이 감정선을 길게 끌어가는 노래는 진출하려는 해당 국가의 언어로 불러야 감동을 높일 수 있다. 현지 음악 소비자가 그들의 언어로 된 노래를 자연스럽게 듣게 만들어야 K팝의 확장력을 키울 수 있다. K팝이란 상품을 팔아야 할 곳은 75%가 외국 음악 시장이란 점도 영어 K팝, 현지 외국어 K팝이 나와야 하는 이유다.

미국 시장이 K팝 소비자 전체 4분의 1을 차지한다. 일본에 이어 태국·말레이시아 등 동남아시아 시장과 멕시코·브라질 등 중남미 시장도 K팝을 많이 소비하는 것으로 조사됐다. 그렇다면 외국 소비자에게 성심껏 콘텐츠를 소개하는 노력을 해야 한다.

영어나 진출을 목표로 하는 현지 국가 언어의 K팝이 나오는데 노력을 기울여야 한다. 브라질 팬을 위해서는 포르투갈어로 된 가사의 노래가 생산돼야 한다는 얘기다. 물론 한국어 가사를 번역하는 것으로 끝내서는 안 된다. 대중음악 소비자는 단순 번역인지 자국의 소비자를 타깃으로 만든 음악인지 느끼고 선택할 것이기 때문이다. K팝 가수들이 소셜네트워크서비스 등을 통해 동정이나 인터뷰 등을 할 때도 진출하려는 국가의 언어를 구사하면서 현지 팬들에게 다가가는 노력이 필요하다.

## K팝 번역·통역의 현주소

K팝 아이돌은 네이버의 V라이브나 최근 유행하는 언택트 라이브 공연을 통해 온라인 팬 미팅을 자주 한다. 그런데 멤버 중 상당수가 외국어에 익숙지 않다 보니 멤버끼리 한국어로 얘기하다가 끝내기도 한다.

이렇게 되면 어김없이 멤버들이 무슨 얘기를 했는지, 언제 번역해서 올려줄 것인지를 물어보는 해외 팬들의 댓글이 올라온다. 이럴 때 성의 있는 기획사나 해당 가수의 열혈 팬들이 번역 자막 등을 올려 궁금증을 해소해준다. 하지만 이렇게 번역을 원한다는 팬들의 댓글 자체가 언어가 K팝의 해외 시장 진출에 장벽이 될 수 있다는 반증이 될 수 있다.

한글로 된 K팝을 들으며 열광하고 한글을 배우고 한국을 알려는 외국인들이 많은데, 굳이 현지어로 된 음악을 해야 하느냐는 의문을 제기하는 팬들이 있을 것이다. 한국 문화 소개를 위해 한글 가사를 고수해야 한다고 생각하는 독자도 있을 것이다. 하지만 한글로 된 K팝이 좋다며 한글을 배우는 팬들은 K팝에 대한 '뜨거운 애정'이 있는 사람들이다. K팝도 엄연한 상품인데, 열혈 팬들에게만 팔아서는 안 된다. 확장성이 있어야 한다. 그런데 상품을 판매하려면 소비자가 어려움 없이 사용하고 감동할 수 있어야 한다. 그것이 마케팅의 기본이다. K팝도 예외는 아니다. 한국의 음악 시장이 세계 대중음악 시장에서 차지하는 비중이 크지 않은 만큼, 외국의 소비자가 더 많이 듣고 소비할 수 있도록 다가가는 노력이 필요하다.

그렇다면 국내 기획사의 시스템이 이를 감당할 수 있을까? 현재 SM, YG, JYP, 빅히트 등 국내 연예기획사 빅4는 자사 가수들의 노래를 번역하는 '인 하우스' 번역팀을 보유하고 있다. 외국어 구사가 가능한 직원들이 공동 작업을 하는 다양한 국적의 해외 작곡가들을 통해 자체적으로 영어 가사를 생산하고 있다. 라이브 팬 미팅에도 외국어 구사가 가능한 직원들이 동원되거나 외국어가 가능한 팬들이 참여해 통번역하고 있다.

중소 기획사들은 이런 작업이 어렵다. 그럴 여력이 없어 보인다. 그렇다고 손을 놓을 수는 없다. 정부의 지원이 필요하고, 세계 각국에 있는 한국문화원들의 역량도 강화해야 할 것이다. 국내외에 산재해 있는 통번역 봉사자나 단체를 중소 기획사들과 매칭시켜주는 방안을 생각해볼 만하다.

이민자의 나라인 '미국' 음악 시장에서 K팝이 경쟁력 있는 콘텐츠로 선전을 한다면 단순히 해당 국가에만 그 영향력이 국한되지 않는다. 소셜네트워크서비스나 입소문 등을 타고 이민자들이 본국으로 K팝을 전파하는 효과를 생각하면, 미국 시장이 어떤 나라보다 K팝 팬덤의 중장기적 확장에 큰 기여를 할 것으로 생각한다. 그래서 영어 K팝이 더 많이 나와야 하고 K팝의 영어 통번역 시스템 구축이 중요한 것이다.

## K팝 팬들, 자발적 '번역 군단'으로 불꽃 활약

K팝이 아시아권 해외 음악으로 인식되는 수준을 뛰어넘어 미국 본토의 주류 문화로 뿌리를 내리는 데는 팬들의 자발적인 번역 활동도 큰 기여를 했다.

BTS뿐 아니라 BLACKPINK, 레드벨벳, NCT 팬들이 적극적이면서 조직적으로 한국어 번역을 하고 있는데, 소셜네트워크서비스에서도 상당한 팔로워를 확보하고 있다. K팝 아이돌 그룹의 팬들은 자신이 좋아하는 가수가 신곡을 발표하면 소셜네트워크서비스에 즉시 가사를 번역해 올리고, 방송 인터뷰 등 동정도 실시간 통역에 나선다.

대표적인 것이 아민정음(아미+훈민정음)이다. 해외 BTS 팬(아미)이 만든, 그들만의 언어를 소셜네트워크서비스에 올려 공유한다. 'kibun(기분)' 'yeonseupseng(연습생)'처럼 한국어 발음을 알파벳으로 옮겨 쓴다. 직역이 쉽지 않은 단어의 뉘앙스를 살리기 위해서다. 아민정음에는 K팝 스타들이 일상에서 흔히 쓰는 말과 한국 아이돌 문화와 관련된 말, 한류 드라마나 예능에 자주 나오는 말들도 포함된다.

K팝을 좋아해 한국어를 배우려는 외국 팬들의 수요가 꾸준히 늘면서, 뉴욕대학 출신의 강우성이 출간한 『The K☆POP Dictionary』도 아마존이나 일반 서점 등에서 인기를 얻고 있다. 책은 '대박, 멘붕, 애교' 등 외국인들이 궁금해하는 한국어 슬랭과 신조어 등 500여 개의 숨은 뜻을 담고 있다. 단순한 의미 설명에 그치지 않고 영어에 해당하는 표현, 어원과 문화적 배경까

지 담아내 한국 문화에 대한 이해를 돕고 있다.

《뉴욕타임스》는 K팝 아이돌 그룹의 한국어 노래와 트윗, 인터뷰 등을 번역해 세계 곳곳에 알리는 'K팝 팬들의 자발적 번역 봉사'를 조명했다. K팝 그룹의 활동을 한국어를 모르는 사람들에게 알리기 위해 팬들의 활동 영역이 넓어지고 있고, 때때로 이들 번역 봉사의 업무량도 크게 늘어 일부는 극도의 피로 상태에 빠지기도 한다고《뉴욕타임스》는 전했다.

07

# K팝 마케팅 전략 다변화 필요

최근 국내 메이저 연예기획사들이 공격적으로 도입한 현지화 전략이 눈길을 끈다. JYP는 중국에서 발굴한 멤버들로 구성한 '보이스토리(Boy Story)'라는 6인조 밴드를 데뷔시켜 중국 무대에서 활동하도록 했다. 일본에서도 9인조 걸그룹 NiziU(니쥬)를 만들어 오리콘 차트 등을 석권했다.

SM은 진출 지역 맞춤형 현지화 전략을 차곡차곡 구체화하고 있다. 2016년, '새로운 문화 테크놀로지NCT: Neo Culture Technology'

비전을 발표하고 해외 각 지역에서 발굴한 멤버로 구성한 여러 개의 서브 유닛을 결성했다. NCT U, NCT 127, NCT Dream 등의 NCT 서브 유닛이 그들인데, SM은 자사가 개발한 K팝 훈련생 시스템을 통해 훈련한 뒤 현재 전 세계 각기 다른 도시에 베이스를 두고 활동시키고 있다. 중국팀, 미국팀, 일본팀 등 각 유닛은 지역별로 각기 다른 노래를 부르고 각기 다른 스타일을 보여주며 팬들의 사랑을 받고 있다. 이처럼 K팝이 진화하고 있다.

세계 대중음악 시장 진출을 모색하는 K팝 가수들과 기획사는 이런 현지화 전략과 함께 현지 마켓에 대한 치밀한 연구가 필요하다. K팝은 지금까지 상품을 만들고 팬에게 일방적으로 던져주는 피딩Feeding 방식의 마케팅을 했다. 그런데 앞으로는 소비자가 원하는 K팝을 만들어야 한다. 수많은 곡이 여러 플랫폼을 통해 쏟아져 나오는 상황이라 소비자 구미에 꼭 맞는 곡을 만들고 적재적소에 발표해야 선택받을 수 있다.

이 같은 마케팅 방식은 최근 전자제품 회사부터 식료품 회사 등 제조업체에서 쓰는 방식이다. 제품을 출시하기 전 블로그 등을 통해 영향력을 행사하는 인플루언서들에게 나눠주고 써보게 한 뒤 유튜브 등에 사용 후기를 올리게 하거나, 제조업체와 피드백을 하는 방식을 취하고 있다. K팝 역시 세계 각국의 대중음악

인플루언서들을 상대로 이 같은 작업을 할 필요가 있다. 여기에 K팝 콘텐츠를 만들어 판매에 그치는 것이 아니라 팬들의 마음을 보듬는 애프터서비스까지 해야 한다. 물건을 만들어 파는 사람이 자신들의 콘텐츠를 구매한 소비자나 마켓에 감사의 뜻을 전하는 노력이 필요하다는 얘기다.

## 팬들이 있는 곳에 먼저 작품을 공개한다

K팝의 마케팅 전략 차원에서 할리우드 영화 제작자들의 마케팅 방식을 주목해볼 필요가 있다. 우리는 종종 유명 할리우드 영화 작품이 한국과 미국에서 동시 개봉되거나, 미국을 제치고 한국에서 먼저 단독 개봉되는 것을 봐왔다. 할리우드 영화 제작자들이 자체적으로 분석해본 결과, 미국 시장 못지않게 한국 시장 등에서 수익을 냈고 입소문 영향력이 있다는 판단이 나왔기 때문이다. 자신들의 작품을 좋아하고 기꺼이 돈을 내겠다는 소비자가 한국에 많은데, 굳이 미국에서 먼저 신작을 개봉할 필요가 없다는 것이다. 이런 마케팅 전략의 효과는 무엇일까? 제작자들이 팬들을 생각해 먼저 찾아간다는 감정을 전달하며 팬들

의 충성도를 끌어올릴 수 있다.

K팝도 미국 등 진출을 희망하는 국가의 팝 시장에 공을 들여야 하고 성의를 보여야 한다. 이런 차원에서 국내 메이저 연예기획사 중심으로 새 전략을 공개하고 있다. 단적인 사례로 BTS와 BLACKPINK가 2020년 8월 일주일 간격을 두고 우리 시간으로 금요일 낮 1시에 신곡을 발표했다. 예전 대부분의 K팝 아이돌 그룹이 금요일을 제외한 평일 오후 6시에 신곡이나 새 앨범을 발매했던 관행에서 탈피했다. 우리와 시차가 있는 미국 동부 시간으로 금요일 0시에 맞춰 신곡을 공개하는 것으로, 세계 시장을 겨냥한 전략인 것을 분명히 했다. 코로나-19 이전에는 미국에서 신곡을 공개하고, 동시에 미국 방송사 프로그램에 출연해 팬들을 적극적으로 찾아갔는데, 그것도 이런 전략의 일환이다.

미국 등 해외 시장 진출을 꾀하는 다른 K팝 가수들도 앨범을 발매해 얼마나 팔았고, 온라인 스트리밍에서 조회 수 얼마를 기록했다는 소식뿐 아니라 현지 팬과 그 시장에서 어떤 활동을 했고, 이들에게 파고들기 위해 어떤 노력을 기울였다는 소식을 전해야 한다. 속된 말로 물건을 팔고 돈만 챙긴다는 느낌을 주지 말고, 마켓에 감사의 뜻을 전하고 마켓 소비자를 항상 염두에 두고 활동한다는 느낌을 줄 필요가 있다.

아울러 콘텐츠 타깃 소비층을 분석해 맞춤형 접근 전략도 구사해야 한다. BTS는 서사시 같은 스토리와 고급스러운 퍼포먼스로 해외의 하이엔드 유저들에게 접근하고, BLACKPINK는 트렌드를 주도하는 강점이 있으니 유튜브 활동에 집중하는 방식의 전략을 취하는 등 차별화된 전략으로 팬들에게 다가가는 것을 말한다. 음원 스트리밍에 강점이 있는 TWICE는 스포티파이 등 유명 스트리밍 서비스를 통해 팬들을 집중 공략하고, CJ ENM 프로그램을 통해 탄생한 아이즈원은 뛰어난 퍼포먼스 실력과 걸 크러시의 강한 이미지 등을 최대한 살린 다양한 콘텐츠를 CJ의 각종 계열사를 활용해 팬들에게 제공할 수 있을 것이다. 한마디로 아이돌 그룹 간의 차별성을 극대화해 소비자의 마음을 잡는 노력이 필요하다.

## 앨범 번들 논란, K팝 마케팅 전략의 고민

한국의 K팝 마케팅 전략이 미국 팝 시장에 영향을 준 사례가 있다. 앨범 번들 논란이다. 앨범 번들은 한국에서 앨범 판매를 늘리기 위해 멤버들의 사진집이나 캐릭터 상품, 티셔츠, 콘서트 티켓 등을 앨범에 끼워 넣어 판매하는 전략을 말한다. 예를 들어 멤버가 10명이면 새 앨범을 발매하면서 멤버 각각의 사진집 10개를 만들어 10종의 앨범을 판매하는 일이 벌어졌다. 팬심을 이용한 앨범 판매 늘리기 전략이다. 이런 전략은 세계적인 팝스타들에게 전파돼 사진집이나 다이어리 등을 나눠 앨범에 끼워 파는 일이 빈번해졌다.

그런데 미국 내에서 꼼수 논란이 일었다. 앨범 판매량 등을 바탕으로 음원의 인기를 가늠할 수 있는 각종 차트가 앨범 번들 현상 때문에 큰 혼돈이 생겼다는 것이다.

대표 사례로 현지 언론들은 2019년 10월 데뷔 10일 만에 빌보드 메인 앨범 차트 1위를 차지한 SM의 SuperM을 지목했다. 현지 언론은 SuperM이 첫 주에 16만 8,000유닛이라는 판매량을 기록했는데 이 중 앨범 판매는 16만 4,000유닛, 스트리밍은 4,000유닛에 불과했다는 점을 집중 조명했다. 《뉴욕타임스》는 "SuperM이 다양한 음반 패키징과 번들 판매로 엄청난 결과를 만들어냈다"고 평가했다. 그러면서 "번들링 판매 전략이 미국 팝 시장에서도 흔해지는 추세여서 주간 차트를 교란할 우려 역시 커지고 있다"고 강조했다.

결국에 앨범 번들 논란은 세계 최대의 음악 차트인 빌보드가

billboard

**Billboard Announces New Chart Rules: No More Merch & Ticket Bundles**

빌보드는 차트 선정 기준과 관련해 새 규칙을 발표하면서 앨범 번들 논란을 명시했다.

차트 선정 기준을 바꾸는 계기가 됐다. 2020년 7월 빌보드는 사이트를 통해 '빌보드 200'과 '핫 100' 차트 선정 기준을 변경한다고 발표했다. 의류, 사진집, 다이어리 등 머천다이즈와 콘서트 티켓이 포함된 앨범의 판매량을 차트 집계에 포함하지 않겠다는 것이 주요 내용이다. 빌보드는 홈페이지에 '상품과 앨범 번들에 대한 빌보드의 새로운 규칙 발표Billboard Announces New Chart Rules: No More Merch & Ticket Bundles'라고 명시해 기준 변경이 앨범 번들 논란 때문이란 점을 분명히 했다.

"차트의 기초가 된 소비자 의도에 대한 정확한 측정이 머천다이즈 번들 판매로 훼손되고 있다는 우려를 해소하기 위해 이러한 결정을 내렸다"는 것이 빌보드 측의 설명이다.

빌보드는 번들 판매 전략으로 '빌보드 200 차트' 1위를 기록한 가수들도 언급했는데 셀린 디옹, 카니예 웨스트, 포스트 말론, 테일러 스위프트, 마돈나, SuperM을 적시했다. 빌보드의 새

규정에 따르면 음반과 상품을 합쳐 하나의 물건으로 가격을 책정해 음반 단품 가격을 공개하지 않을 경우, 해당 판매량은 집계에서 제외된다. 디지털 음원과 실물 앨범을 묶어 팔아도 차트에 집계되지 않는다. '팬심'을 이용한 K팝의 마케팅 전략이 미국 유명 팝가수들과 해외 대중음악 시장에 영향을 줬지만, 콘텐츠의 인기를 가늠할 수 있는 차트 순위를 교란할 수 있다는 지적이 나오면서 미국 시장 내에서 따가운 눈총을 받았다.

08

# 다양한 스토리 콘텐츠를 만들어라

뉴욕 특파원으로 있을 때 한 지인의 부부가 방문했다. 50대였는데, 뉴욕을 찾은 이유가 재미있다. 공연이나 TV 출연을 위해 뉴욕에 왔던 BTS가 지나갔던 행적을 좇아보겠다는 것이었다. 2020년 신년 콘서트를 했던 타임스퀘어의 붉은 계단 스테이지, BTS가 식사했던 곳, 멤버들이 소셜네트워크서비스에 올렸던 맨해튼의 명소 등을 관광했고 BTS 멤버들이 취했던 포즈를 한 자신들의 모습을 사진에 담았다. 심지어 BTS가 묵었던 호텔에도 들렀다. 두 분 모두 직장이 있어 장기 휴가를 낼 수 없었지만, 테마를 갖고 함께 여행하는 모습이 보기 좋았다. 이것이 문화의 힘이고 하드파워 이상의 힘을 갖고 있는 소프트파워의 위력이다. 이처럼 관광도 스토리가 있으면 더욱 큰 매력을 갖게 되고, 문화 콘텐츠 역시 스토리가 있어야 더욱 힘을 받는다.

BTS가 큰 인기를 얻는 이유는 춤과 노래가 뛰어나서만이 아니다. 오히려 그들보다 훨씬 더 뛰어난 춤동작과 가창력을 겸비한 가수들이 적지 않다. 그런데 BTS는 전 세계의 방황하고 실의에 빠진 청년들을 위로하는 가사를 노래에 담았고, 소셜네트워크서비스를 통해서도 팬들에게 동기를 부여하고 새로운 희망을 이야기했다.

서태지와 아이들과 H.O.T.도 사회 비판적 메시지를 가사에 담아 큰 반향을 일으켰다. 큰 맥락에서 BTS의 가사도 사회 문제를 담으려고 했는데 서태지와 아이들, H.O.T.와의 차이는 10·20대가 사용하는 말을 제대로 살렸다는 점이다. 독자들의 이해를 돕기 위해 BTS의 곡을 짧게 소개한다.

3포 세대 5포 세대 / 그럼 난 육포가 좋으니까 6포 세대 / 언론과 어른들은 의지가 없다며 우릴 싹 주식처럼 매도해 / 왜 해 보기도

전에 죽여 걔넨 / 왜 벌써부터 고개를 숙여 받아 / 절대 마 포기 / 너와 내 새벽은 낮보다 예뻐 / 잠든 청춘을 깨워 go

「쩔어」(2015)

난 뱁새다리 넌 황새다리 / 걔넨 말하지 내 다린 백만 불짜리 / 내게 짧은데 어찌 같은 종목 하니 / They say 똑같은 초원이면 괜찮잖니 / [중략] / 내 탓이라니 너 농담이지 / 공평하다니 oh are you crazy / 이게 정의라니 / You must be kiddin'

「뱁새」(2015)

열일 해서 번 나의 pay / 전부 다 내 배에 / 티끌 모아 티끌 탕진잼 다 지불해 / 내버려둬 과소비 해버려도 / 내일 아침 내가 미친놈처럼 / 내 적금을 깨버려도

「고민보다 Go」(2017)

멈춰서도 괜찮아 / 아무 이유도 모르는 채 달릴 필요 없어 / 꿈이 없어도 괜찮아 / 잠시 행복을 느낄 네 순간들이 있다면 / 멈춰서도 괜찮아 / 이젠 목적도 모르는 채 달리지 않아 / 꿈이 없어도 괜찮아 / 네가 내뱉는 모든 호흡은 이미 낙원에 / [중략] / We deserve a life / 뭐가 크건 작건 그냥 너는 너잖아

「낙원」(2018)

한 사람에 하나의 역사 / 한 사람에 하나의 별 / [중략] / 어쩜 이 밤의 표정이 이토록 또 아름다운 건 / 저 어둠도 달빛도 아닌 우리 때문일 거야

「소우주(Mikrokomos)」(2019)

BTS가 부르는 곡의 가사에는 꿈과 노력, 인생, 금수저, 열정페이 등 10·20대 또래들이 쓰는 말이 그대로 담겨 있다. 멤버 출신지와 사투리, 심지어 지내는 곳의 월세나 평수도 나온다. 용돈을 탕진한 경험, 엄마한테 돈을 빌리는 내용까지 노래로 풀어내 국적과 세대를 아우르는 공감대를 형성한다. 꿈과 희망을 노래한다는 점에서 선한 영향력을 끼쳐 BTS의 노래는 팬들에게 더 큰 울림으로 다가온다.

퇴폐적인 내용 일변도인 미국 팝 가사와 달리 밝고 건강한 이미지를 가진 아이돌 그룹의 등장에 미국 음악 시장 관계자들도 마음의 문을 연 것이다. 속이 꽉 찬 스토리를 담은 K팝의 성공은 국제 사회에서 한국에 대한 이미지 개선, 국격 상승으로 이어

진다. 특히 K팝을 소비하는 계층이 10·20대 계층뿐 아니라 소득이 있고 실제 사회에서 소비를 이끌어갈 수 있는 30~50대까지 확장되고 있기 때문에 그 영향은 더 긍정적이다.

경제 산업적인 면에서 스토리를 겸비한 K팝 콘텐츠가 성공했을 경우, 2·3차 파생 상품에 대한 개발도 반드시 따라줘야 한다. K팝 스타와 연계한 캐릭터, 관광·뷰티 상품 등으로 확장성이 무한하기 때문이다.

이를테면 BTS는 멤버들의 세계관을 바탕으로 한 웹툰, BTS를 육성하는 모바일 카드게임(BTS World), BTS가 디자인에 참여한 캐릭터 상품 등 각종 파생 상품을 양산하고 있다. 다양한 스토리 콘텐츠를 만들어 해석을 공유하며 놀이 문화를 확장하고 있는 것이다.

하지만 이런 작업은 체계적으로 완성도를 높이는 노력이 필요하다. 예전 콘텐츠는 대부분 반짝 인기를 등에 업은 일회성 기획인 탓에 품질과 디테일 면에서 경쟁력이 부족했다. 스토리텔링이 부족해 음악을 듣고 콘서트를 본 뒤 지갑을 열려는 소비자의 마음을 바꿀 수 없었다. 중장기적 관점에서 마케팅 전략을 세우고 비용을 더 투입해서라도 스토리 있는 콘텐츠 개발을 위해 보다 깊은 연구가 절실하다.

## 타임스퀘어에 길게 늘어선 줄은

2017년 12월 17일, 체감 온도가 영하 10도까지 떨어진 쌀쌀한 날씨에 맨해튼 중심부에 기이한 장면이 연출됐다. 고층 건물 사이로 부는 칼바람에 추위가 만만찮았는데, 타임스퀘어에 아침부터 기다란 줄이 만들어졌다. 꼬리에 꼬리를 문 줄은 뉴욕의 명품 콘텐츠인 뮤지컬 극장 주변을 크게 둘러싸고, 지나가는 사람들의 호기심도 이에 비례해 커졌다.

45가 브로드웨이 8번 애버뉴를 돌아 44가 8번 애버뉴까지 두 블록을 1,000명 가까이 되는 사람들이 아침부터 추위 속에 발을 동동 구르면서 긴 줄을 선 이유는 무엇일까? 타임스퀘어의 네이버 라인 매장에서 BTS 캐릭터 상품 'BT21'을 구매하기 위한 줄이었다. BTS 멤버들이 스케치부터 설정, 취향, 가치관, 정교화 작업 등 모든 과정에 직접 참여해 탄생한 캐릭터 상품들을 사기 위해 매장은 뉴요커들로 문전성시를 이뤘다. BTS를 향한 팬심이 맨해튼 심장을 정복한 것 같은 모습이다.

특파원으로 부임하고 얼마 안 된 때였는데, 토종 한류 그룹 BTS 얘기를 하면 뉴욕의 청소년들뿐 아니라 40·50대 성인도 관심을 밝히며 그들의 동정을 이것저것 물어왔다. 한국 동포 학

BTS 캐릭터 상품을 사기 위해 한겨울 타임스퀘어 매장 앞에서 진을 친 뉴요커들.

생들이나 주재원 자녀들도 중·고등학교에서 BTS의 노래나 멤버 이야기가 또래 사이에 주요 대화 소재가 되다 보니 한층 학교 다닐 맛이 난다고 했다. 인기가 이 정도면 마케팅 차원에서 더욱 다양한 콘텐츠 개발을 서둘러야 한다. 2·3차 상품을 만들어 수입을 더 늘린다는 면도 있지만, 1차 콘텐츠 인지도를 더욱 높일 수 있기 때문이다.

이런 면에서 디즈니 '마블'의 마케팅 전략을 참고할 만하다. 미디어 융합 시대에 '마블'에서는 슈퍼히어로가 주인공이면서 유사한 스토리를 배경으로 하나의 평행 우주 세계관으로 된 영화, TV 드라마, 게임, 만화 등 다양한 콘텐츠를 제작한 뒤 다양한 매체나 플랫폼을 통해 판매하고 있다.

만화 원작의 영웅 이야기가 영화 버전에서는 더욱 확장되고, TV 시리즈나 게임 등에서도 조금 다른 스토리로 전개되어 소비자를 계속 끌어들인다. 캐릭터 상품이나 의류·가방·신발·장난감 등도 막대한 수익원 중 하나다. 〈아이언 맨〉(2008)으로 시작한 '마블 시네마틱 유니버스'[5]는 〈어벤져스: 인피니티 워〉(2018)까지 총 20편의 영화를 제작해 175억 달러(약 19조 7,700억 원)라는 매출을 기록했다.

이런 면에서 국내의 아이돌 그룹 기획사들도 스토리텔링팀을 운영하기 시작했다는 것은 긍정적 신호다. 빅히트는 등단 작가를 영입해 기획사 나름의 세계관을 만들고 있다. BTS의 세계관을 담은 웹툰을 7개국에 연재하고, 화양연화 시리즈 해석본을 책으로 출간해 팬들의 사랑을 받고 있다. 이 스토리를 바탕으로 게임을 출시하고 캐릭터 'BT21', 콘서트 실황을 담은 영화 등 파생 상품을 내놓고 있다.

JYP도 스토리텔링 작가를 채용해 스토리 개발을 하고 있다.

---

5 마블 시네마틱 유니버스(MCU: Marvel Cinematic Universe)는 마블코믹스의 만화 작품에 기반해 마블스튜디오가 제작하는 슈퍼히어로 영화를 중심으로 드라마, 만화, 기타 단편 작품을 공유하는 가상 세계관이자 미디어 프랜차이즈다.

데뷔하는 아이돌에 대해 기획 단계부터 세계관을 설정하고, 이를 암시하는 모티브를 콘텐츠에 심는 작업을 하고 있다. 이런 것이 열혈 팬들에게는 아이돌을 더 즐기고 소통하게 하는 요소가 된다. 다양한 스토리를 갖춘 아이돌 그룹의 콘텐츠 비즈니스는 발전 가능성이 무한하다.

## 감동의 BTS 유엔 연설 'Speak Yourself'

매년 뉴욕의 가을은 가장 번잡하고 바쁘다. 1년 내내 어느 곳보다 교통량이 많고 길거리도 인파로 혼잡스럽지만, 매년 9월 셋째 주를 전후해 그 정도는 최고 수준으로 올라간다. 바로 유엔 정기 총회 때문이다. 전 세계에서 지도자들이 모여들고, 곳곳에서 다자 외교가 벌어진다. 세계 각국의 지도자들이 차량 정체가 심해 회의나 회담 시간을 맞추기 위해 도보로 이동하는 모습도 쉽게 목격된다.

그런데 2018년 9월 유엔 총회장에는 색다른 손님이 깜짝 방문했다. BTS 멤버였다. 한국 가수가 유엔 행사장에서 연설한 것은 처음이다. 연사 소개는 한국 동포로서 사상 처음으로 세계의 경제 대통령이 됐던 김용 세계은행 총재가 맡았다. 김용 총재는 “청년 세대를 대표하는 최고의 역할을 하는 BTS가 이 자리에 있다”며 BTS를 소개했다. 7분 길이의 연설에는 ‘나 자신을 사랑하고 스스로 목소리를 내라’는 내용이 담겨 있었다. 대표 연설자로 나선 리더 RM은 “어제 실수했더라도 어제의 나도 나이고, 오늘의 부족하고 실수하는 나도 나”라면서 “출신이나 피부색, 성 정체성이 어떻든 자신에 대해 말하면서 이름과 목소리를 찾으라”고 젊은 세대를 독려했다. RM의 발언은 성장의 고민과 젊은이의 성찰을 담고 있는 BTS의 가사와 궤를 같이했다.

뉴욕에서 만난 한 한국인 유학생은 “BTS의 라이브 연설을 지켜보며 한국인이란 자랑스러움과 BTS 노랫말에서 느낄 수 있는 감동을 느꼈다”며 흥분을 감추지 않았다. 소셜네트워크서비스를 통해서도 #Speak Yourself란 해시태그로 여러 나라 언어로 청춘들의 고민이 쏟아져 나왔고, BTS의 음악과 메시지를 통해 용기를 얻었다는 사연이 줄을 이었다. 유튜브에도 이 연설의 문장과 어휘를 분석한 영상부터 연설에 감동받아 눈물을 글썽이는 외국인들의 반응을 담은 영상까지 등장하는 등 전 세계에 큰 반향을 일으켰다.

2020년 9월 BTS가 유엔 무대를 다시 찾았다. 2년 만에 제

75차 유엔 보건안보우호국그룹 고위급 회의에서 연설했는데, 이번에는 영상 메시지를 통해 코로나-19로 어려움을 겪는 세계 각국의 청년 세대에게 용기와 연대를 호소했다. 6분이 조금 넘는 영상 메시지에서 코로나-19로 인한 절망과 외로움 속에서도 함께 음악을 만들며 다시 일어선 자신들의 경험담을 진솔하게 들려줬다.

리더 RM은 "제75회 유엔총회를 통해 이렇게 다시 한번 메시지를 전하는 소중한 기회를 갖게 돼 정말 영광"이라며 말문을 열었다. "코로나-19로 월드투어가 취소되고 모든 계획이 틀어지고 저는 혼자가 되었다"고 했다.

이어 지민은 "모든 것이 무너진 것만 같아 절망했고, 할 수 있는 것은 창밖을 내다보는 것뿐"이라며 "어제는 전 세계의 팬분들과 함께 춤추고 노래했는데, 오늘은 내 세계가 방 하나로 줄어든 것 같았다"고 했다. 이어서 "그때 동료들이 손을 잡아주었고, 함께 토닥이며 무엇을 같이할 수 있을까 이야기를 나눴다"고 했다.

제이홉은 "누가 먼저였는지 모르지만 많은 감정을 끌어안고, 우리는 함께 음악을 만들기 시작했다"고 전했고, 진은 "모든 게 불확실한 세상일수록 항상 '나' '너' '우리'의 소중함을 잃지 말아야 한다"고 강조했다.

마지막으로 RM은 "지금이야말로 우리가 스스로의 얼굴을 잊지 않고, 마주해야 하는 때"라며 "필사적으로 자신을 사랑하고, 미래를 상상하려 노력했으면 한다"며 미래 세대를 응원했다. 그러면서 "언제나 깜깜한 밤이고 혼자인 것 같겠지만, 내일의 해가 뜨기 전 새벽이 가장 어둡다"고 덧붙였다. 이어 각 멤버가 "삶은 계속될 것입니다Life goes on"를 한 차례씩 반복한 뒤 다 함께 "우리 함께 살아냅시다Let's live on"라고 촉구하며 메시지를 마무리해 세계인들에게 또 한 번 큰 울림을 안겼다.

09

# 온라인 플랫폼 전략을 강화하라

세상은 빠르게 변하고 음악 소비 행태도 빠르게 달라지고 있다. 1940년대 LP에서 1970년대 CD로, 다시 2000년대 MP3로 음악 재생 기기가 바뀌었고 사람들의 음악 청취 방식도 변했다. 미국 음악 시장은 세계 최대 규모의 1위 시장이자 스트리밍 음악 서비스를 중심으로 변하고 있는 글로벌 음악 산업의 현주소를 가장 잘 보여주고 있다.

닐슨이 발표한 2019년 1월 4일부터 6월 20일까지의 미국 음

2019년 상반기 미국 음악 콘텐츠 소비 규모와 전년 대비 증감 (단위: 달러)

| 구분 | 2018년 | 2019년 | 전년 대비 증감 |
|---|---|---|---|
| 전체 음악 콘텐츠 | 3억 400만 | 3억 5,160만 | +15.7% |
| 오디오 방식 | 2억 7,070만 | 3억 520만 | +12.7% |
| 주문형 스트리밍 | 3,857억 | 5,077억 | +31.6% |
| 오디오 스트리밍 | 2,610억 | 3,335억 | +27.8% |
| 비디오 스트리밍 | 1,247억 | 1,742억 | +39.6% |
| 앨범·음원 | 8,430만 | 6,700만 | −20.5% |

출처: Nielsen, 「Nielson Music Mid-year Report」(2019)

악 시장 소비 행태 보고서를 보면 이런 추세가 확연하게 나타난다. 미국 소비자의 앨범 구매나 트랙 구매, 주문형 오디오·비디오 스트리밍 형태의 음악 콘텐츠 소비는 2018년 동기 대비 15.7% 증가했다. 비디오를 제외한 오디오 형태의 음악 콘텐츠 소비는 12.7%, 오디오와 비디오를 합친 주문형 스트리밍 소비는 31.6%, 비디오를 제외한 주문형 오디오 스트리밍 소비는 27.8% 증가했다. 비디오 형태의 스트리밍 음악 콘텐츠 소비도 39.6% 증가한 반면, 앨범 판매와 디지털 음원 트랙 판매 규모는 2018년 동기 대비 20.5% 감소했다.

전체 미국 음악 시장을 스트리밍 서비스가 주도하고 있다고 볼 수 있다. 스트리밍 음악 시장에서 오디오 스트리밍 수요만큼 영상을 통한 스트리밍 소비와 수요가 증가하고 있다는 점도 주목해볼 만하다. 현재는 주로 무료 스트리밍 서비스를 이용하지만 향후 유료 글로벌 스트리밍 서비스 성장이 예측된다는 점에서, 세계 각국 스트리밍 서비스 업체 간의 경쟁과 기획사들의 콘텐츠 개발 경쟁이 더욱 뜨거워질 것으로 보인다. 이 과정에서 동영상이나 게임, 영화 등 스트리밍을 기반으로 제공되고 있는 다양한 콘텐츠와의 융합도 활발하게 진행될 것으로 예상된다. BTS와 BLACKPINK 등을 통해 미국 대중음악 시장에서 K팝의 인기와 가능성이 검증된 만큼 국내 연예 제작 기획사들은 보다 다채로운 장르의 K팝 소개와 보다 많은 아티스트의 미국 시장 진출을 위해 글로벌 유료 음악 스트리밍 플랫폼을 활용하는 방안을 집중 모색해야 한다.

오디오 스트리밍 외에 비디오 스트리밍에 대한 수요도 상당하다는 점을 감안해, K팝과 영화, 게임 등 국내 비주얼 콘텐츠 사업을 융합하거나 연동하는 방식의 시장 진출 전략도 적극 검토해볼 필요가 있다.

아울러 미국 음악 시장의 소비자가 여전히 라이브 음악 행사에 대한 수요가 많은 것도 주목해야 한다. 코로나-19로 비대면이 불가피한 상황에서 빅히트의 '방방콘' 스트리밍 서비스나 SM

의 'Beyond LIVE'는 주목할 만한 혁신 콘텐츠다. 기본적으로 초기 콘텐츠 시스템을 구축하는 데 비용이 많이 투입될 수 있지만, 플랫폼 측면에서 미국 등 해외 음악 팬들을 가장 빠르게 접할 수 있고 효과적으로 세계 대중음악 시장과 소비자에 도달할 수 있는 경로가 될 것으로 예상된다.

## 디지털 기반 플랫폼 증가, 전 세계 음악 시장은 하나

2020년을 한마디로 말하면 '코로나-19 시대'라 할 수 있다. 코로나-19의 여파는 사회 곳곳에서 큰 변화를 불러일으켰고, 여러 분야에 악영향을 끼쳤다. 연예 대중문화계도 예외는 아니다. 그중에서도 공연 업계가 가장 큰 피해를 봤다. 코로나-19가 감염병인 만큼 관객이 모여야 열리는 콘서트 등의 행사가 잠정 연기되거나 취소될 수밖에 없었다. 국내뿐만이 아니다. 코로나-19가 전 세계적으로 확산되자 여러 가수의 해외 투어도 취소됐다. 이를 통해 수익을 창출해야 하는 엔터테인먼트 업계 역시 어려운 사정에 처했다.

그래서 공연·엔터테인먼트 업계는 유튜브와 네이버 V라이브

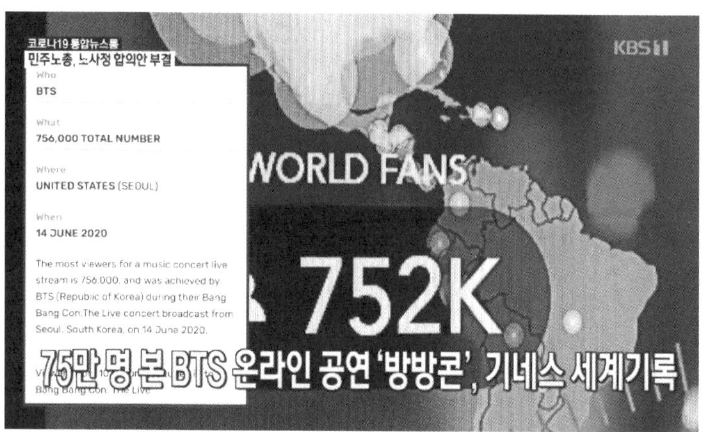

BTS 온라인 공연 '방방콘'은 75만 2,000여 명이 동시 접속해 기네스북 세계 신기록을 달성했다.

등 다양한 온라인 플랫폼으로 시선을 돌렸다. '거리두기'가 강조되고 있는 상황에서 차선의 선택이 됐다. BTS의 '방방콘'이 대표적이다. 비대면 시대에 맞춰 기존 콘서트와 팬 미팅에서 보여준 공연 실황을 묶어 2020년 4월, 빅히트는 한 편의 BTS 콘서트처럼 꾸며 온라인 스트리밍 서비스를 했다. 성과는 기대 이상이었다. 100분간의 공연을 통해 역대급 기록을 만들어냈다. 전 세계 107개 지역, 75만 명 이상의 팬들이 동시 접속했고, 온라인 티켓 판매로만 최소 217억 원의 수익을 냈다.

방방콘은 단순히 공연 스트리밍 서비스 차원을 넘어섰다. 커뮤니티 플랫폼 '위버스'를 통해 팬들이 응원봉을 블루투스 모드

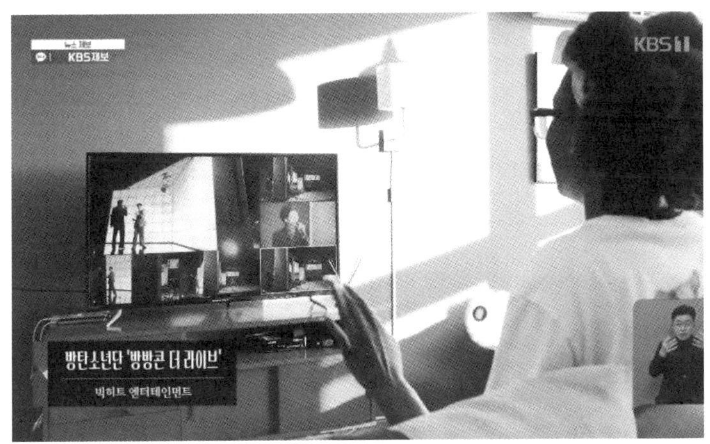

코로나-19 시대, 공연장을 찾지 못한 BTS 팬이 집에서 비대면 실황 공연을 즐기고 있다.

로 연결하면 영상의 오디오 신호에 따라 응원봉의 색깔이 달라지게 만들었다. 가수와 직접 대면하고 있지는 않지만, 온라인에서 전 세계 팬이 함께 응원하며 즐길 수 있도록 한 것이다. 이런 성공에 힘입어 BTS는 '방방콘 The LIVE'를 개최해 온라인 공연이란 성과를 거뒀고 '온택트'[6]란 신조어도 생기게 되었다.

'방방콘 The LIVE'는 한국·미국·영국·일본·중국 등 총 107개 지역에서 진행됐다. 이 지역의 팬들은 멀티뷰 스트리밍 시스템을 통해 동시에 재생되는 각기 다른 6개 멀티뷰 화면 중

---

6 온택트(On-tact)란 비대면을 일컫는 '언택트(Untact)'에 온라인을 통한 외부와의 '연결(On)'을 더한 개념이다.

에서 보고 싶은 화면을 실시간으로 선택해 공연을 즐겼다. '방방콘 The LIVE'의 최고 동시 접속자 수 역시 75만 6,600여 명을 기록해 스트리밍 서비스로 제공됐던 '방방콘' 이상의 성공을 거뒀다. 5만 명 이상을 수용할 수 있는 스타디움(대형 경기장) 공연을 15회 넘게 열어야 거둘 수 있는 기록이다.

빅히트의 팬 플랫폼인 위버스의 공격적인 확장세도 주목받고 있다. BTS의 동생 그룹 TXT, 빅히트 계열사 소속인 세븐틴·뉴이스트·여자친구·엔하이픈, 그리고 다른 소속사의 씨엘·선미·드림캐쳐 등 13팀이 위버스에 합류해 팬들과 소통하고 있다. 또 영국 출신의 팝가수 영블러드 등 해외 아티스트들도 합류할 예정이다. 위버스 앱은 가입자 수를 늘려가면서 2020년 상반기 매출 1,127억 원을 기록했고 2021년에는 5,000억 원이 넘는 매출을 거둘 것이란 전망도 나왔다. 빅히트의 시작이 BTS지만 미래는 위버스란 관측이 나오는 이유다.

SM도 온라인 공연 시대에 맞춰 소속 가수들이 전용 콘서트를 펼칠 수 있는 'Beyond LIVE' 채널을 론칭했다. 'Beyond LIVE'는 SM의 콘텐츠 제작 능력, 네이버의 글로벌 플랫폼 운영 경험, 여기에 첨단 기술을 대거 투입했다. 유료 공연으로 진행된 'Beyond LIVE'는 화려한 AR(증강현실) 기술을 무대에 접목해 시청자에게 다채로운 화면을 제공했다.

SM은 예전의 오프라인 공연에서도 홀로그램이나 VR 기술을 구현했는데, 온라인 공연으로 이런 경험과 기술력을 확장시켰다. '멀티 캠'으로 담은 무대 풀 샷이나 멤버별 앵글 등 다채로운 화면을 골라볼 수 있는 기능을 갖춰 가수들의 퍼포먼스가 더욱 역동적으로 연출되도록 했고, 팬들이 보고 싶은 멤버를 선택해 보다 가까운 곳에서 무대를 즐기는 기분을 느낄 수 있었다. 팬들과 가수를 연결하는 다중 화상 연결 시스템을 통해, 팬들은 응원 메시지와 하고 싶은 말을 전하고 가수들이 이에 화답하는 코너도 마련했다. 실제 콘서트에서 팬들과 공연 가수가 느낄 수 있는 '소통'의 묘미를 온라인 공연에서도 최대한 살리겠다는 취지에서다.

물론 온라인 공연이 속성상 실제 라이브 공연의 완벽한 대안이 될 수는 없다. 음악은 아티스트와 직접 만나고 체험적으로 느끼는 부분이 있기 때문에, 음악 소비자 대부분은 오프라인 공연을 기억한다. 온라인 공연이 방송 프로그램과 큰 차이가 없다는 비판적 시각도 있다.

하지만 온라인 공연이 해외 K팝 팬들의 갈증을 조금이나마 해소해줬다는 평가도 나온다. 그동안 해외 팬들이 K팝 가수의 공연을 보려면 20~30만 원 이상의 돈을 지불해야 했는데, 디지털 기반의 라이브 공연 플랫폼이 증가하면서 좀 더 저렴하고[7] 좀 더 편하게 즐길 수 있게 됐다. 기획사 입장에서도 입장료가 조금 더 싼 비대면 공연을 통해 많은 해외 팬을 끌어들여 박리다매의 효과를 거둘 수 있다. 온라인 공연을 통해 창출된 수요는 향후 코로나-19 시대가 지난 뒤 실제 오프라인 공연을 보고 싶어 하는 팬들의 증가로 이어질 가능성도 크다.

이런 온택트 라이브 공연이 K팝의 새로운 확장 창구가 될 수 있다. 신곡을 발표하는 즉시, 세계 각국에서 동시에 소비할 수 있는 지금 같은 시대에 아티스트의 출신지는 중요하지 않게 됐다. 전 세계가 하나의 시장이 된 것이다. 태어날 때부터 디지털 환경에 익숙한 밀레니얼 세대는 기본적으로 탈인종, 탈장르, 탈기득권 소비 방식을 보인다. 문화권의 경계를 넘어서고 새로운 문화를 수용하는 데 거부감이 전혀 없어 앞으로 이런 현상은 더욱 가속화될 것이다.

---

7 Beyond LIVE 티켓(1장 기준)은 3종으로 나뉜다. ① 3만 3,000원(Beyond LIVE+VOD) ② 4만 500원(Beyond LIVE+VOD+AR티켓) ③ 6만 1,000원(Beyond LIVE+VOD+응원봉). AR 티켓 패키지를 구매해야 AR 기술이 합성된 무대를 볼 수 있고 전용 굿즈도 배송받을 수 있다. 방방콘 티켓은 공식 팬클럽 회원에게는 2만 9,000원, 미가입자에게는 3만 9,000원에 판매했다.

## 5G 네트워크 상용화로 '실감형 음악' 시대 개막

'팬들이 실제 공연장에 가지 않아도 콘서트 현장에 있는 분위기를 100% 느끼게 한다.' 5G 네트워크가 상용화되면서 엔터테인먼트 산업에도 큰 변화가 오고 있다. 바야흐로 '실감형 음악' 시대가 시작된 것이다. 원반 혹은 원통에 홈을 파서 소리를 기록하고 재생했던 축음기나 1940년대 LP 시대, 1970년대 CD 시대가 '듣는 음악 시대'였다면 1981년 MTV 방송은 '보는 음악 시대'의 개막을 알렸다. 풍성한 음향에 화려한 영상이 가미된 뮤직비디오가 우리 곁에 다가왔기 때문이다.

2000년대 들어 디지털 음원 파일의 상용화는 소비자의 음악 소비 패턴에 또 다른 변화를 불러왔다. LP나 CD 등 실물 앨범이 서서히 사라지고 MP3 파일을 다운로드받아 음악을 즐기게 됐다. 2014년 끊김 없는 4G 네트워크 환경이 구현되면서 소비자는 음악을 소유하지 않고 스마트폰이나 AI 스피커 등을 통해 스트리밍으로 향유했다.

2019년 한국이 5G 네트워크를 세계 최초로 상용화하면서 엔터테인먼트 분야에 패러다임의 변화가 시작됐다. 가수의 목소리와 아티스트의 연주를 원음에 가깝게 듣고, 가수들과 눈을 맞추며 음악을 즐길 수 있는 시대가 열렸다. 4세대 통신 기술에 비해 데이터를 20배 빠르게 전송할 수 있는 5세대 환경이 되면서, 대용량의 데이터 처리가 필요한 초고음질 무손실 음악 서비스가 가능하게 됐다. 여기에 8K급 고화질에 홀로그램이나 VR, AR을 적용한 실감형 음악 서비스까지 소비자는 경험하게 됐다.

이런 상황에 엔터테인먼트 업계도 기민하게 대응하고 있다. 고객의 흥미로운 피드백을 기반으로 각종 실감형 콘텐츠 기술을 접목해 새로운 유료 서비스 시장을 개척하기 위해 분주하게 움직이고 있다. 현재 음악 유료 시장의 주요 고객은 K팝 열혈 팬덤이다. 이들은 가장 좋아하는 아티스트의 음악·공연·굿즈에 지갑을 기꺼이 연다. 아티스트를 중심으로 한 팬덤의 소비 가치 사슬이 5G 네트워크 환경을 활용한 각종 실감형 음악 콘텐츠로도 확대될 가능성이 크다.

이에 따라 엔터테인먼트 업계는 5G 네트워크 환경을 활용한 고품격 콘텐츠를 시장에 내놓고 있다. 우선 5G 기술의 장점을 활용한 초고음질 음악 서비스다. 그동안 주로 이용했던 MP3 파일은 음원 파일 용량을 줄이는 과정에서 데이터가 손실되고 음질이 떨어지는 문제가 있었다. 반면 5G 기술을 활용한 초고음질 음원은 데이터 용량 압축에서 오는 손실이 적어 청취자들은

SM의 'Beyond LIVE'는 첨단 기술을 동원해 실제 공연 이상의 흥미를 유발했다.

원음에 가까운 음원을 즐길 수 있다. 이런 고음질 서비스는 라이브 공연 음원 콘텐츠에서 더 큰 위력을 발휘할 것으로 보인다.

코로나-19로 온라인 콘서트에서 팬들이 5G 온라인 동영상 서비스를 통해 본인이 원하는 가수와 음악을 선택해서 보고 들을 수 있게 된 것도 새롭게 소비자가 열광하는 콘텐츠다. 공연 중인 음악의 악보를 보거나, 해당 음원을 다운로드하는 등 다양한 부가 서비스도 원스톱으로 이용할 수 있다. VR, AR, 홀로그램 등 최첨단 정보통신기술과 음악 콘텐츠를 융합한 가상형 실감음악VP: Virtual Play 앨범 출시도 본격화될 것으로 보인다. VP 앨범은 높은 해상도로 구현돼 좀 더 현실감을 느낄 수 있고

360도, 상하 180도 등 전 영역에서 초고화질 VR 영상을 제공해 1인칭 시청에 최적화된 무대 시청이 가능한 콘텐츠가 될 것이다.

발전하는 첨단 정보통신기술과 다양한 문화 콘텐츠의 융합으로 전 세계 대중문화계는 또 다른 무한 경쟁 시대가 시작됐다. 국적과 나이를 초월한 창조자들이 실험적인 문화 예술 콘텐츠를 선보이며 소비자의 시선을 끌려고 안간힘을 다한다. 이런 시대의 한가운데 K팝과 K컬처의 창조자들이 있다. 이 상황이 결코 우리에게 불리하지 않다. 어느 나라보다 앞선 정보통신기술을 보유한 대한민국과 세계 대중문화계의 트렌드를 이끌어가는 K컬처 창조자들의 '땀'과 '끼'가 융합하면서 전 세계에 한류 공동체를 만들어갈 것으로 기대한다.

10

# 국격 신장의 첨병, K팝을 지원하라

미국의 메이저 음반 제작사들은 세계 대중음악의 중심지에 걸맞게 자본력이나 규모 면에서 매머드급이다. 뉴욕 주식 시장에 공시된 자본 규모만 봐도 워너뮤직그룹WMG의 시가 총액이 14조 원에 육박하는 등 '유니버설뮤직그룹UMG' '소니Sony/BMG' '이엠아이EMI' '워너뮤직그룹' 빅4 음반 제작사의 마켓 밸류는 70조 원이 넘을 것으로 추정된다. 이런 미국의 메이저 음반사들은 수많은 가수와 음반 계약을 맺고 있으며, 새 음반과 새 가수들이 나올 때마다 비용을 들여가며 콘서트 투어나 각종 매체를 통한 마케팅과 프로모션 작업에 투자하고 있다. '규모의 경제' 원리가 적용되고 있는 상황인데, 막대한 자본력을 갖춘 대형 음반 제작 기업들이 마케팅과 유통 면에서 소규모 음반사들을 압도하고 있다.

한국의 연예기획사들도 최근 5년(2016~2020) 새 급성장했다. 국내 3대 연예기획사라 불리는 SM, JYP, YG는 각각 7,000억 원대에서 최고 1조 원대 시가 총액을 기록하고 있다. BTS 소속사인 빅히트도 주식 시장 상장을 통해 시가 총액이 6조 원대에 있다. 하지만 4개 회사를 합쳐도 미국 메이저 음반사 자본의 10분의 1 수준에 미치지 못하는 실정이다.

그래서 모처럼 세계 시장 진출이 본격화되고 있는 K팝이 자칫 잘못하다가는 막강한 자본력을 갖춘 미국 대중 음반 시장이란 블랙홀에 빨려 들어가 묻힐 수 있다. 촘촘한 음악적 구성이나 변화무쌍한 콘텐츠 짜임새로 여느 나라 음악에 비견해 경쟁력을 갖게 된 K팝이 자칫 방심했다가는 대규모 자금력에 묻히는 위기에 봉착할 수 있다는 얘기다. K팝 가수들이 세계 대중음악 트렌드를 너무 과하게 받아들여 존재감이 사라질 위험도 상존한다. 자본력이 달리는 마이너 제작 환경의 입장에서 서럽지만 이런 현실을 직시해야 한다.

이처럼 녹록치 않은 상황에서도 세계무대 중심에 K팝이 우뚝 서자 이 분위기를 살릴 방안 마련에 우리 정부와 공공기관이 분주하게 움직이고 있다. 현재 정부에서 가장 중점을 두고 지원하려는 분야는 온라인 공연장 건립과 그 안의 콘텐츠를 해외에 유통할 수 있도록 체계를 마련하는 것이다.

코로나-19 상황에서 국내 대형 공연기획사들이 신기술을 이용한 비대면 온라인 공연을 통해 성과를 거두자, 정부는 중소기획사도 온라인 공연을 할 수 있도록 지원책을 마련하고 있다. 팬덤이 탄탄한 BTS나 EXO 등과 달리 이제 막 성장하는 중간급 아이돌은 수십 억대 제작비가 드는 온라인 공연을 엄두도 내지 못하고 있다.

성미경 한국콘텐츠진흥원 대중음악 담당 차장은 중소 기획사들이 해외로 진출하는 길이 상당히 막혀 있어 그 부분을 뚫어주는 데 정부나 공공기관의 지원이 집중되고 있다고 말했다. 공연 콘텐츠를 AR, VR 등 첨단 장치와 접목한 정보통신기술 융복합 콘텐츠로 전환해 영상을 제작하고 송출하는 방안을 마련하는 데 정부가 지원할 예정이라고 전했다.

하지만 정부가 지원을 명목으로 모처럼 세계무대에서 잘나가는 K팝의 전면에 나서려 한다면 다시 생각해볼 문제다. 문화 콘텐츠가 자국 문화 제일주의, '국뽕'으로 흘러갈 수 있기 때문이다. 국가가 지원은 하되 간섭하지 않는 영국의 문화 정책인 '팔길이 정책Arm's length policy' 같은 묘미를 살려야 한다. 상황이 괜찮을 때는 민간이 자율적으로 진행하도록 하고, 비상 상황에 정부가 개입해 문제를 해결해주고 물길을 터주는 솔로몬의 지혜를 발휘해야 한다.

지금까지 K팝 창조자들이 거둔 성과는 국가가 주도해서 이뤄진 것이 아니다. 가수나 기획사들이 작은 내수 시장에서 벗어나 해외 판로를 찾는 과정에서 창의력이 잘 구현되어 나온 성과다. 정부가 할 수 있는 지원은 민간단체가 창의력을 극대화하는 데 불편함이 없도록 하는 것에 그쳐야 할 것이다. 이런 차원에서 재정 지원과 관련해 지금까지 부분적으로 실시하고 있는 매칭 펀드 형식 지원을 활성화할 필요가 있다. 정부가 기획사에 직접 지원하기 부담스럽다면 5:5나 7:3 등의 비율로 지원할 수 있다.

이와 함께 기업체의 지원을 끌어내기 위해 세제 감면을 검토해볼 필요도 있다. 연구 투자 비용과 관련해 중소기업에 10% 세제 감면을 해주는 조세특례법을 준용해, K팝 가수나 기획사에 대한 기업들의 지원을 이끌어내는 것도 한 방법이다. 영화 제작 투자를 받는 것처럼 문화관광부 산하 한국콘텐츠진흥원 등이 엔젤 투자자를 모아 매칭 펀드 형식으로 재정적 지원을 나서는 것도 또 다른 지원 방안이다. 전 세계 곳곳에 포진해 있는 한국 문화원 등 공공기관이 다채로운 K팝 행사를 기획하거나 K팝을 소개할 수 있는 콘텐츠를 꾸준히 만들어가는 것도 필요하다.

## 콘텐츠 창조자의 성장 막는 저작권 침해 문제 해결 시급

2018년 당시 트럼프 대통령은 백악관에서 '음악 현대화법 MMA: Music Modernization Act'에 서명했다. 음악 저작권 보호를 강화하고, 최근 확산되고 있는 스트리밍 서비스로부터 아티스트들의 저작권 보상을 보다 원활하게 받을 수 있도록 하는 내용을 골자로 한 법이다. 음악 제작자에게 로열티를 할당하고, 권리 보유자에게 보다 효율적인 방식으로 지불할 수 있도록 스트리밍 라이선스 규칙을 업데이트하도록 규정했다. 미국 등 선진국들의 이 같은 움직임은 저작권 침해가 자국 아티스트들의 성장을 억제한다는 생각이 있기 때문이다.

지금까지 살펴본 것처럼 K팝 등 우리의 창의적인 문화 콘텐츠는 세계와 소통하며 괄목할 정도로 성장했다. 세계 11위 경제 대국, 수출 규모 세계 6위의 한국이 이제는 매력과 다양성으로 각광받는 문화 콘텐츠를 통해 세계에서 인정받고 있다.

그런데 해외에서 K팝 아티스트들의 음반이나 굿즈 등 각종 콘텐츠를 불법으로 복제해 파는 행위를 우리는 심심찮게 볼 수 있다. 웹하드나 P2P 방식의 파일 공유, 스트림 리핑Stream Ripping 방식[8]으로 저작권이 침해당하는 것도 쉽게 목격한다. 이런 모습을 보고 예전에는 '해외에서도 우리 콘텐츠가 이렇게 사랑받고 있구나'라고 생각하며 만족감을 느끼는 사람도 있었다.

하지만 이제는 자국 콘텐츠의 저작권 보호 문제를 심각하게 생각해야 한다. 문화 콘텐츠가 우리나라의 미래를 책임지는 핵심 산업으로 더욱 발전하기 위해 창작자의 열정이 제대로 가치를 인정받아야 하고, 이를 위해서 저작권 보호가 필수적이기 때문이다. 저작권 침해를 통한 콘텐츠의 불법 유통을 막아 불법으로 새나가는 돈을 안으로 고이게 하고, 그것을 창조에 투입할 수 있도록 해야 한다.

---

8 온라인에서 스트리밍이 가능한 콘텐츠로부터 다운로드 가능한 파일을 추출해내는 불법적인 방법이다. 가장 일반적인 형태가 유튜브 내 뮤직비디오 등 재생 영상에서 음원을 추출해 MP3 등의 음원 파일을 만들어주는 스트리밍 리핑 서비스다.

이런 저작권 침해를 발본색원하는 작업을 강제 조사 권한이 없는 연예기획사들이 담당하기에는 현실적으로 한계가 있다. 정부나 공공기관이 맡아야 한다. 미국은 저작권청을 연방의회 소속으로 두고 있다. 미국 내 모든 저작권과 관련된 등록 업무를 담당하고 저작권 문제와 관련해 의회 요청 내용에 대한 전문 지식을 제공한다. 최근에는 디지털 패러다임의 변화에 대비해 그 역할을 강화하고 있다.

저작권 보호는 정확한 실태 파악이 시작이다. 세계 각국 온·오프라인에서 발생하는 다양한 저작권 침해 실태를 올바로 측정하고 관리하지 않으면 개선할 수 없다. 음반에 고유의 QR코드를 붙여 제작 → 유통 → 소비까지 전 과정을 추적하는 시스템을 마련하는 것도 저작권 보호의 한 방법이다. 팬들이 직접 QR코드를 이용해 모바일로 정품 인증을 하면, 이를 음반 판매량으로 집계해 차트에 반영하고 해당 뮤지션의 기록으로 인정하는 것을 말한다. 자신들이 좋아하는 아이돌 그룹이나 가수에게 도움이 되고자 하는 팬덤의 행동 특성을 반영한 시스템이다. 저작권을 보호해야 할 아이템도 음반이나 음원뿐 아니라 해외 공연, 굿즈, 웹툰 등 다양해졌다. 불법 복제나 또 다른 저작권 침해 사례를 수시로 제보받고, 온·오프라인에서 추적할 수 있는 체계도 구축해야 한다.

지금은 문화 콘텐츠가 국가 브랜드와 경제 성장에 영향을 미치는 '문화의 시대'다. K팝 산업 규모가 확대되면서 1,000억 원대를 웃도는 수출 산업으로 성장했다. 한류가 확산되면 한국의 휴대폰과 자동차가 잘 팔리고, 관광객이 늘어나는 등 연관 산업이 동반 성장하는 시대다. 우리나라가 명실상부하게 전 세계에 한류를 수출하는 문화 강국으로 성장한 만큼, 국내외에서 확산되는 불법 복제 등 저작권 침해에서 벗어나도록 하는 것이 정부나 공공기관이 담당해야 할 당면 과제라 할 것이다.

## 아이돌 가수의 병역 문제

2020년 한국 대중음악계에서 아이돌의 병역 혜택 부여 논란이 핫 이슈가 됐다. 잊을 만하면 제기되는 사안이지만, 이번 논란의 주인공이 한국의 대표 아이돌 그룹인 BTS의 멤버여서 많은 사람이 높은 관심을 보였다. 논란은 2019년 11월 BTS 멤버 중 맏형인 진(본명 김석진)이 1992년생으로 군 복무를 해야 하는 연령대가 되면서 시작됐다. BTS의 활약상을 봤을 때 진에게 병역 혜택을 줘도 되지 않겠냐는 일각의 제안에, 정부는 대중문화 예술인을 병역 특례[9] 대상에 포함하지 않겠다고 발표해 논란은 일단락되는 듯했다.

그런데 2020년 9월 한국 가수 최초로 BTS가 「Dynamite」로 빌보드 싱글 차트 1위를 2주 연속 차지하자, 또다시 병역 혜택을 줘야 한다는 목소리가 커졌다. 급기야 더불어민주당의 노웅래 최고위원이 "BTS의 병역 특례를 진지하게 논의해야 한다"고 제안했다. 노 최고위원은 "BTS가 빌보드 1위를 기록하며 단숨에 1조 7,000억 원의 파급 효과를 냈고, 한류 전파와 국위 선양의 가치는 추정조차 못 할 정도"라며 "10년간 60조 원의 경제 효과는 대기업 현대자동차 얘기가 아니라 BTS의 경제 효과"라고 말했다. 비슷한 시기에 박양우 문화체육관광부 장관도 국정감사에서 BTS의 병역 특례와 관련한 질문에 "전향적으로 검토할 필요가 있다"고 답했다. 하지만 이 같은 제안은 병무청이 관련 특례에 반대한다는 입장 발표로 다시 수면 아래로 가라앉았다. 국감 기간 중 소속 상임위 국회의원의 질의에 병무청은 "공정성과 형

9 현행 병역특례법령에 따르면 올림픽 3위 이상 입상자, 아시안게임 1위 입상자, 국제예술경연대회 2위 이상 입상자, 국내예술경연대회 1위 입상자 등은 예술·체육요원(보충역)으로 편입된다. 이들은 4주간 기초 군사 훈련을 이수하면 복무 기간에 자신의 특기 분야에서 계속 활동할 수 있고, 특기를 활용해 544시간의 봉사 활동을 하면 된다.

평성에 맞지 않다"며 반대 입장을 분명히 했다.

한국 사회에서 병역 문제는 가장 예민한 부분이다. 권력층 자제들의 병역 비리 문제가 매번 국내 언론의 주요 소재였고, 문화계와 스포츠계 종사자들은 병역 의무를 활동하는 데 큰 장벽으로 생각하고 있다.

하지만 공정성만 담보된다면 올림픽 등 국제 스포츠 행사나 국제예술경연대회뿐 아니라 각계에서 한국의 국위 선양을 하는 사람들에 대한 병역 문제를 해결하는 방안을 검토해볼 필요가 있다고 조심스럽게 제안한다. 세계 대중음악 시장에서 혁혁한 성과를 내 한국의 이미지를 개선하고, 막대한 경제적 수익까지 낼 수 있다면 실용적 입장에서 도입을 검토할 필요가 있다고 생각한다. 어느 정도가 병역 특례를 인정해줄 성과인지 객관적으로 계량화해야 하고, 이 기준을 국민이 받아들일 수 있어야 할 것이다. 쉽지 않은 작업이지만 검토해야 할 때라고 본다.

병역 특례까지는 아니지만, 정부가 국가 위상을 높인 대중문화예술인 등에 대한 징집·소집을 만 30세까지 연기할 수 있도록 하는 병역법 일부 개정법률안이 2020년 12월 공포돼 2021년 6월부터 시행된다. 이번 개정안 시행으로 외국 무대에서 맹활약하고 있다는 점을 인정받을 경우 입영을 늦출 수 있게 됐다. 다만 입대를 연기한 대중문화예술인이 품위를 손상하는 행위를 할 경우 입대 연기가 취소되고 바로 입영해야 한다. 정부는 "대중문화예술 활동 보장으로 국가 이미지를 제고하고, 20대에 꽃피울 수 있는 분야에 있는 사람들이 편법에 의존할 필요가 없도록 하자는 취지에서 법 개정을 했다"고 밝혔다. 사회 전체적으로 객관성만 담보할 수 있다면 시행해볼 만한 정책이다.

# PART 3

# K팝이 나아갈 방향

POP

01

# 한 번쯤 점검해야 할 포인트

지금까지 K팝이 세계 대중음악 시장에 진출하는 데 성공하기 위한 10가지 해법을 찾는 작업을 했다. 2000년, 정보통신기술 발달로 예상치 못하게 봉착한 국내 음반 시장의 쇠퇴라는 위기를 탈출하기 위해 해외 진출이란 카드를 꺼내 들었던 K팝의 창조자들은 여러 시행착오를 거쳐 세계 음악 시장에서 통할만한 K팝의 성공 DNA를 찾아가고 있다.

하지만 성공이 확실한 DNA를 추출하기 위해 과거 K팝이 해외에 진출했던 과정에서 성공하고 실패한 사례, 지금의 트렌드를 분석하고 점검하는 보완 작업이 한 번쯤은 필요하다. K팝이 빌보드 차트 1위의 성공이라는 절정을 찍고 내리막길을 걷는 것이 아니라 한 단계 더 높은 성공을 이뤄내며 국가를 초월해 세계인들부터 매력과 인기를 얻는 음악 장르로 자리 잡기 위해 보완해야 할 포인트를 짚어본다.

## JYP의 야심 찬 미국 시장 진출의 실패 이유

세계 대중문화의 중심지인 뉴욕은 한국의 대중음악 종사자들이 한 번은 무대에 서고 싶고, 꼭 성공하고 싶어 하는 '꿈의 도시'다. 그래서 많은 가수나 기획사가 꾸준히 뉴욕 시장의 문을 두드렸다. 대표적인 사례가 2008년 가수 겸 프로듀서 박진영이 원더걸스 등을 앞세워 야심차게 추진한 미국 진출 도전이었다. 2007년 데뷔한 원더걸스는 「Tell me(Sampling from Two of Hearts)」 「So Hot」 「Nobody」를 잇달아 성공시키며 국내 최고의 인기를 구가하는 국민 걸그룹이었다. 박진영은 2008년 2월 말, 뉴욕에서의 첫 콘서트를 앞두고 타임스퀘어에 위치한 메리어트-마르퀴스호텔에서 기자 회견을 열었다. "미국의 유명 프로듀서와 협업하고, 뉴욕과 로스앤젤레스 등 미국 전역에서 원더걸스 등 소속 가수의 콘서트를 열 예정"이라고 강한 의지를 피력했다. 그러면서 JYP 미국 지사도 론칭했다.

미국 진출 초반, JYP의 도전은 순탄해 보였다. 원더걸스의 「Nobody」는 미국 청취자들에게 비트와 리듬이 듣기 좋고 멜로디가 중독성이 강했다. 원더걸스는 미국투어를 하는 동안, 피부색깔을 더 짙게 하고 눈을 더 좁아 보이게 하는 미국 동포 여성 스타일의 화장까지 하는 현지화 전략도 썼다. 이런 노력에 힘입어 원더걸스의 영어 버전 「Nobody」는 빌보드 핫 100 차트에서 76위에 오른 최초의 K팝 싱글로 기록됐다. 그런데 그 이상의 성적을 내지 못했다.

당시 미국의 인기 그룹이었던 조나스 브라더스의 오프닝 게스트로 투어를 돌며 고생했던 일화가 유명할 정도로 미국 시장에서 성공하기 위해 갖은 노력을 했지만, 좀처럼 미국 현지 차트에서 성과가 나오지 않았다. 게다가 2008년 겨울, 리먼브라더스 사태가 터지고 음반사들이 구조 조정 작업에 들어가면서, 유명 팝 스타를 제외하고는 음반 발매 계획이 취소되는 불운까지 겹쳤다. 5년 동안 돈과 시간을 투자하며 원더걸스에 이어 2009년에 지소울과 임정희를 미국에 데뷔시키고자 했던 JYP의 계획은 결국 물거품이 되었다. 박진영은 미국 진출을 위해 설립한 자회사를 청산하고, 맨해튼 코리아타운 인근 36번가에 연 정통 바비큐 레스토랑 '크리스털 벨리Kristal belli'도 문을 닫았다.

한국의 국민 가수란 성공을 바탕으로 미국 팝 시장 진출을 도모한 박진영과 원더걸스의 야심 찬 도전은 미국 대중음악 시장의 높은 벽을 넘지 못했다. 실력과 열정을 쏟아부은 그들의 도전이 아쉽게도 실패한 이유는 무엇일까? 그런 도전을 살려줄 수 있는 시기가 아직 무르익지 않은 탓이다. 지금처럼 유튜브 등 소셜네트워크서비스가 활성화됐으면 사정이 달라졌을 수 있다. 고객을 찾아다니는 노력과 홍보에 쏟아붓는 비용을 줄이면서도 자신들의 매력을 소셜네트워크서비스 등을 통해 효과적으로 보여줄 수 있으니 말이다.

고객을 찾아오게끔 만들 수 있는 그들만의 매력, 그들의 스토리를 보여주지 못한 채 열정만 쏟아부은 결과, 원더걸스를 필두로 한 JYP의 음악은 당시 미국 팬들에게 여전히 한국 음악, 외국 음악, 아시아 음악으로만 인식됐다. 여기에 리먼 사태로 불어닥친 재정난이 결정타가 돼 쇼핑몰마다 돌아다니며 인지도를 높이느라 몸 고생, 마음고생을 했던 박진영과 원더걸스의 도전은 진가를 제대로 인정받지 못한 채 끝을 보고 말았다.

## 싸이 vs. BTS

미국 팝 음악 시장에서 누가 더 성공했는지, 미국 시장 진출 방식은 어떤 점에서 차이가 있는지 등 K팝의 성공 사례로 싸이와 BTS를 많이 비교한다. K팝 가수로서 미국 진출 성공 1호는 싸이다. 싸이는 댄스 가수이자 작곡가, 프로듀서로 2010년 한국 대중음악 무대에 데뷔했다. 싸이는 'Psyco'의 줄인 말인데, 다소 엽기적인 이미지와 사회 비판적 메시지의 가사로 앨범을 낼 때마다 화제를 낳았다.

싸이가 YG 소속 가수가 된 뒤 2012년 7월 6번째 정규 앨범 「싸이6甲 Part 1」을 발매하고, 타이틀곡 「강남스타일」로 프로모션을 시작했다. 그즈음 국내에서도 유튜브가 사람들의 주목을 받기 시작했는데, 이 플랫폼이 「강남스타일」의 세계적 열풍에 불씨가 됐다.

물론 YG의 기획력도 한몫했다. 그의 뮤직비디오가 유튜브를 통해 처음 공개되자 입소문을 통해 조회 수가 급상승하면서, 두

달 만에 공식 조회 수 2억 2,000만을 돌파했다. 싸이의 뮤직비디오는 미국의 최대 유료 음원 유통사인 아이튠즈 뮤직비디오 차트에서도 1위를 차지했다. 자연스럽게 톰 크루즈나 브리트니 스피어스 등 할리우드의 유명인사 사이에서도 싸이의 뮤직비디오가 언급됐고 CNN, BBC, 《뉴욕타임스》 등 세계 각국의 미디어가 싸이 신드롬을 집중 보도했다. 「강남스타일」은 빌보드 싱글 앨범 핫 100 차트에서 7주간 연속 2위를 기록했으며, 미국 아이튠즈 뮤직비디오 차트 1위, AMA 뉴미디어상도 받았다.

단순 반복되는 리듬과 노래, 말춤으로 대표되는 그의 안무에 미국 팬들은 열광했다. 오랜 기간 유튜브 조회 수 1위를 달렸던 「강남스타일」 이후에도 후속곡 「젠틀맨」이 빌보드에서 대대적으로 소개됐고, 뮤직비디오 조회 수 역시 11억 뷰가 넘었다. 미국 서부 힙합의 레전드인 스눕독과 함께 「행오버(HangOver)」를 발표한 것도 「강남스타일」 이후였다. 이처럼 싸이는 한국에서 신곡과 뮤직비디오를 출시한 후 유튜브를 통해 전 세계에 널리 홍보하는 방법으로 글로벌 스타가 됐다. 하지만 후속곡 불발과 콘텐츠의 부재로 인기를 이어가는 데 실패했다.

그런데 5년 시차를 두고 BTS는 싸이가 썼던 방식과 다른 길을 간다. 신곡을 발매한 후 국내 활동에서 인기를 얻어 해외로 진출하는 방식이 아니라 신곡 발표 후 해외 전략 거점에서 먼저 활동하는 방식을 택한 것이다. 전 세계 팬을 대상으로 BTS 멤버들이 소셜네트워크서비스 소통을 하며 그들의 스토리를 전하고 화제를 더 키우면서 신곡의 인기몰이를 하는 차별적인 전략을 썼다. 그 결과 BTS는 국내 음원 차트뿐 아니라 미국 빌보드 등 세계 각국 차트에서 발매 즉시 상위권에 오르며 세계적 스타로 발돋움했다. 이 과정에서 BTS 역시 유튜브 파워를 이용했다.

싸이의 「강남스타일」 이후 기획사들이 유튜브 파워를 통한 확장력을 알게 됐다는 점에서, 싸이가 BTS 등 후배 가수들이 걸어갈 길을 닦아놓은 것으로 볼 수 있다. 싸이의 업적을 가리켜 한편에서는 '원 히트 원더One hit wonder'[1], 즉 '반짝 인기'라고 칭하기도 한다. 하지만 싸이가 성공한 시점부터 국내 연예기획사들이 K팝 콘텐츠를 동네 가게에서 파는 물건 수준이 아니라 세계 대중문화 시장에서 충분히 성공할 수 있는 명품이 될 수 있다는 비전을 갖게 됐다. 그렇기에 싸이와 BTS의 업적을 비교해 우열을 가리는 것은 무의미하다.

뉴욕에서 만난 K팝 팬 중 상당수는 10년이 지난 지금도 싸이

---

1 노래 한 곡을 히트시킨 후 대중의 기억에서 멀어졌다는 의미다. 국내 음악 팬들도 많이 좋아했던 로스 로보스의 「La Bamba」(1987), 로스 델 리오의 「Macarena」(1996) 등이 대표 사례다.

의 해외 활동과 관련한 질문을 내게 해왔다. 한국 사람들을 만나면 친근함의 표시로 싸이의 말춤 동작을 하는 미국 사람도 적지 않다. 아직도 그의 인지도가 살아 있는 것이다. 국가 대표급 활동을 했던 싸이가 유튜브 확장성에 대해 눈을 뜨게 했고, BTS 등 후배 가수들은 유튜브·소셜 미디어를 통해 자신들의 매력을 발산하고 팬덤을 만들며 K팝의 경쟁력을 키우고 생명력을 불어넣고 있다. 세계 대중문화 시장에서 K팝이 이처럼 진화하고 있어 희망적이다.

## 센 언니들, K팝 걸그룹 폭발적 인기

"BLACKPINK는 잃어버린 사랑을 한탄하거나 상상 속의 완벽한 남자를 갈망하는 온순하고 조용한 젊은 여성들이 아니다." 2020년 7월 미국 음악 매체《빌보드》지는 컴백한 후 연일 '기록 행진'을 이어가고 있는 BLACKPINK의 성공 요인을 분석한 기사를 내놨다. 「이렇게 강력한 걸그룹을 누가 사랑하지 않을 수 있을까?」라는 제목의 기사는 BLACKPINK를 주제로 한《빌보드》 에디터 평가를 대담 형식으로 담았다.

《빌보드》는 최근 메인 싱글 차트인 '핫 100'에서 33위에 오른 BLACKPINK 신곡 「How You Like That」을 두고, 서양의 팝 스타와 공동 작업 없이 '톱 40' 안에 든 1번째 BLACKPINK의 노래라고 지적했다. 이에 앞서 BLACKPINK는 레이디 가가의 「Sour Candy」의 피처링 작업에 참여해 빌보드 차트에서 같은 순위를 기록했다.

《빌보드》 대담에 참여한 애나 찬은 "BLACKPINK가 음악과 재능을 겸비한 걸그룹"이라고 평가하며 "그들의 강력한 카리스마가 최근 성공의 큰 이유"라고 했다. 놀런 피니는 "BLACKPINK 노래 가사의 상당수는 영어가 많고 후렴구에 별다른 의미가 없는 언어로 구성돼 있는데, 이는 BLACKPINK의 노래가 전 세계 사람들에게 다가가기 위해 고안된 것 같다"라고 평가했다. 적극적으로 노래를 소비하고 홍보하는 BLACKPINK의 팬클럽 '블링크'의 존재도 BLACKPINK 성공 원인 중 하나로 언급됐다. 가브 긴즈버그는 "소셜 미디어의 발달로 팬들이 조직적으로 움직일 수 있는 환경이 마련됐다"며 "BLACKPINK는 거대하고 충성스러운 팬층을 구축했고, 팬들은 BLACKPINK를 돕기 위해 무엇이든 할 것"이라고 말했다.

BLACKPINK의 「How You Like That」은 2020년 6월 발

매 직후 스포티파이 글로벌 톱 50 차트에서 2위를 차지하며 당시 K팝 최고 순위를 깼다. 아울러 5억 스트리밍을 훌쩍 넘어서 「Kill This Love」와 「뚜두뚜두(DDU-DU DDU-DU)」보다 더욱 빠른 스트리밍 증가 추이를 나타냈다. BLACKPINK가 첫 정규 앨범 발매에 앞서 공개한 또 다른 싱글 「Ice Cream(with Selena Gomez)」도 음원 발매 직후 아이튠즈 월드와이드송 차트 1위에 등극했고, 미국 빌보드 '핫 100' 차트에서 13위에 올라 K팝 걸그룹 역대 최고 순위를 갈아치우며 세계적인 걸그룹으로 한 걸음 더 올라섰다.

특히 이 두 곡은 BLACKPINK의 상반된 매력을 각각 보여줬다는 점에서 의미가 있다. 「How You Like That」이 힙합 베이스 음악에서 나오는 BLACKPINK 특유의 걸 크러시와 강렬한 퍼포먼스를 내세웠다면, 「Ice Cream(with Selena Gomez)」은 이들이 처음 시도한 귀엽고 상큼한 콘셉트의 팝 장르 곡이었다. 멤버들이 영어 등 외국어 구사가 능란하다는 것도 강점이다. 때로는 파워풀한 이미지를 힙합 선율에 실은 힙합 여전사로, 때로는 소녀 같은 귀여운 매력을 보여주며 BLACKPINK는 차곡차곡 해외 시장 공략에 성공하고 있다.

팬들의 사랑으로 각종 위기와 시련을 이겨내고 해외 시장에서 주목받는 K팝 걸그룹도 있다. 한일 프로젝트 그룹 '아이즈원(IZ*ONE)'이다. 정식 앨범이 나오기까지 말도 많고 탈도 많았다. 이들을 탄생시킨 케이블 음악 채널 Mnet의 〈프로듀스 101〉 시리즈 순위 조작 여파 때문이다. 순위 조작 의혹이 여론에서 들끓으면서 아이즈원은 2019년 11월 활동을 잠정 중단한다고 선언했지만, 석 달 만에 재기에 성공했다.

그런데 그 성공이 보통 수준을 넘어선다. 2020년 2월 발매한 첫 정규 앨범 「블룸아이즈(BLOOM*IZ)」는 일주일 만에 35만 6,000여 장을 팔았다. 역대 걸그룹 앨범 초동 판매량 신기록을 달성한 것이다. 일부 인기 보이그룹의 앨범이 몇 십만 장에서 100만 장 이상 팔리는 것과 달리, 걸그룹은 인기가 있어도 전체 앨범 판매량이 10만 장을 넘기는 것은 극히 드물다. 이 같은 아이즈원의 인기에 대중음악 전문가들은 놀랍다는 반응이다. 위기 상황에서 팬덤이 결집했다는 분석이 나온다.

아이즈원 이전의 걸그룹은 여러 사람이 쉽고 편하게 좋아하는 '대중성'을 기반으로 하고 있어 그룹 내 갈등이나 구설수 등이 나오면 큰 타격을 입고 인기 하락으로 이어졌다. 팬덤 문화가 있는 보이그룹이 상대적으로 각종 구설수에도 불구하고 강한 생존력을 갖는 것과 차이가 있다. 그런데 아이즈원은 그룹을 탄생시킨 프로그램의 순위 조작 의혹이란 악재에도 불구하고 예전 걸그룹에서 찾기 힘들었던 두터운 팬덤 층 덕분에 이를 딛고 다시 일어설 수 있었다. 실제 앨범을 사줄 사람과 팬들만 납득하면 된다는 것이다. 위기를 겪으며 성장해온 아이즈원 팬덤 규모가 이를 증명한다.

최근 2~3년 안에 데뷔한 걸그룹들이 아이즈원과 비슷한 형태의 인기를 쌓아가고 있다는 것이 주목할 점이다. 팬덤의 힘이 이토록 커진 건 그 팬덤이 '국내'에 그치지 않게 되면서다. BTS 이후 K팝의 글로벌화가 정착되면서 출범한 '진화형 팬덤 그룹'들이 걸그룹도 키워가는 구조다. 걸그룹도 이제 보이그룹 같은 팬덤 전략으로 중심을 이동시킬 수밖에 없다. 속성상 보이그룹보다는 팬덤 규모가 작을 수밖에 없다는 한계가 있지만, 해외 팬덤이 이를 보완해준다. 경제력 있는 선진국에 팬덤 문화가 침투하면서, 해외 팬들이 음반과 각종 굿즈까지 소비해주고 있다.

팬덤이 큰 것이 곧 대중성이 되는 시대가 됐다. BTS뿐 아니라 BLACKPINK, 아이즈원 등 K팝 걸그룹들의 활약으로 한국의 음악 콘텐츠 수출은 계속 증가하고 있다. 한국콘텐츠진흥원 집계에 따르면 2019년 국내 음악 산업 매출액은 13조 원으로 2018년 대비 10.4% 증가했고, 수출액은 6억 4,000만 달러(약

7,048억 3,200만 원)를 기록하며 6.2% 증가세를 기록했다.

## K팝 vs. 미국 팝 가수 양성 시스템의 차이

세계에서 가장 큰 대중음악 시장이 펼쳐진 미국에서 K팝이 성공하려면 미국 팝 시장의 특성을 파악하는 것이 중요하다. 그러기 위해 미국의 팝 가수 양성 시스템을 알 필요가 있다.

미국의 가수 양성 시스템은 '지역구 스타 스카우트 시스템'이다. 한 지역에서 인디 가수나 언더그라운드 가수로 시작해 '노래를 좀 한다'는 인정을 받거나 소셜네트워크서비스 등을 통해 많이 회자되면, 미국의 음반 제작 매니지먼트사들이 이들을 스카웃해 가수로 데뷔시킨다. ABC 방송의 연예인 오디션 프로그램 〈아메리칸 아이돌American Idol〉이나 NBC 방송의 공개 오디션 프로그램 〈아메리카 갓 탤런트〉 등을 통해 배출된 가수들이 전국구 스타가 되는 경향이 많은데, 이것 역시 지역에서 실력 있다는 선수들이 오디션 방송을 통해 중앙 무대에 서는 것이기 때문에 일맥상통한다고 봐야 할 것이다.

미국에서는 기획사가 한국처럼 아이돌을 꿈꾸는 희망자들을 일정 기간 교육시켜 무대에 올리고 이후 활동까지 관리하지 않는다. 미국 전역에 숨겨진 보석들을 찾아내 중앙 무대에 세우는 일까지만 매니지먼트사가 담당한다. 미국은 세계 어떤 나라보다 엔터테인먼트 사업의 역사가 오래됐다. 긴 역사를 자랑하는 만큼 스타를 양성하고 관리하는 체계가 우리보다 훨씬 발달했을 것으로 생각하는데, 실상은 그렇지 않다. 제작자, 연예인, 매니지먼트사가 서로 견제와 균형 원리를 갖고 힘을 분산시키다 보니, 스타를 체계적으로 육성해 오랜 기간 계약 관계를 유지하면서 수익을 내는 체계가 깨졌다.

미국의 스타 시스템은 오래전 할리우드 영화 산업에서 시작되었다. 영화의 꽃은 스타라고 생각해 미국의 각 스튜디오 영화사들은 서로 스타를 영입하려고 경쟁했고, 스타를 독점하려고 했다. 그런데 1948년 파라마운트 반독점 판례[2]로 전속제가 폐지되고 매니지먼트와 에이전시의 일이 분리됐다. 연예인은 전속제가 폐지되면서 홀로서기를 해야 했고, 스타들은 매니지먼트사의 도움으로 인기 관리를 할 수 있게 됐다.

하지만 매니지먼트사가 출연 권한을 갖고 제작자나 연예인에

---

2 1948년 미국 연방대법원은 할리우드 스튜디오에 대한 반독점 소송에서 메이저 스튜디오들에 극장 매각을 명했다. 이 판결로 1950년대 할리우드 스튜디오 시스템이 붕괴하기 시작했다.

**K팝과 미국 가수 양성 시스템 차이**

| | |
|---|---|
| **K팝** | • 소속 회사에서 전속 계약을 통해 제작·유통·출판·공연을 모두 관리하는 패키지 형태<br>• 기획사가 소속 가수 선발에서 훈련, 공연·방송 활동까지 관리하면서 회사와 소속 가수가 수익 분배 |
| **미국** | • 인디부터 시작해 자기들만의 개성을 갖고 시행착오, 연습을 통해 시장에서 인기가 있다고 판단되면 회사에서 발굴·계약 진행<br>• 매니지먼트와 에이전시 법적 분리 원칙에 따라 매니지먼트사는 가수를 키운 뒤 투자액을 환수할 수 없는 체계 |

게 막강한 파워를 발휘하게 되자, 이를 견제하기 위한 에이전시 노동법 1700조[3]가 제정돼 영화나 드라마, 음반 제작에는 참여할 수 없도록 했다. 즉 스타 연예인은 개인 매니저와 변호사를 고용해 일할 수 있게 하면서, 미국의 엔터테인먼트 업계는 매니지먼트와 에이전시를 법적으로 분리시켰다.

미국에서도 한국의 아이돌 양성 시스템을 쓴 적이 있었다. 1980년대 말 미국 음악 시장이 불황을 타개할 목적으로 만든 프로젝트가 기획형 아이돌 그룹이었다. '뉴 키즈 온 더 블록 New Kids on the Block'이 대표적 그룹이다. 1986년에 데뷔한 뉴 키즈 온 더 블록은 음반 제작자인 모리스 스타Maurice Starr와 동반

3 이 에이전시법은 캘리포니아 노동법 1700섹션에서 1700.46을 통해 구체화됐다. 각 주의 법에 따라 에이전트는 누구나 자유롭게 할 수 있는 것이 아니라 주별로 면허를 받아야 하며 주법에 따라 업무 규제도 있다.

자인 마리 알포드Mary Alford가 발굴해낸 백인 아이돌 그룹이다. 그들은 보스턴에서 수백 명의 10대 가수 지망생을 대상으로 오디션을 실시해 춤과 랩을 겸비한 15살의 도니 홀베르그Donnie Wahlberg를 뽑았고, 이후에 도니의 주변 친구들을 모아 뉴 키즈 온 더 블록을 결성했다. 이들을 중심으로 한 아이돌 음악이 1980년대 말에서 1990년대 초반 미국의 팝 음악 시장에서 흥행을 주도했다.

하지만 매니지먼트와 에이전시의 법적 분리 원칙에 따라 매니지먼트사는 아이돌을 키운 뒤 투자한 것을 환수할 수 없는 체계이기 때문에 아이돌 양성 방식은 미국 대중음악계에서 자리를 잡지 못한다. 결국에는 지역구 스타 선발 방식이 여전히 대세다. 그러다 보니 미국의 대중음악 주류 시장에서 활동하는 가수들은 대부분 가창력이나 재능이 다양하고 검증을 꽤 받은 인물들이다. 미국 팝 시장이 팬들과 직접 대면하고 소통하며 실력을 선보이는 라이브 콘서트 무대를 중시하는 것도 활동 가수 대부분이 수준이 상당하기 때문이다.

이에 반해 한국은 길거리 캐스팅이나 오디션을 통해 수련생을 모은 뒤 합숙소에서의 집중 훈련을 통해 K팝 가수로 양성한다. 아이돌 그룹 멤버 간의 수련 기간도 차이가 있다. 보컬 담당과 래퍼, 비주얼 담당, 댄서 등으로 철저히 역할 분담을 시킨 후 실력을 극대화하는 방식으로 아이돌 그룹을 양성한다.

최근 K팝 가수들이 가창력이나 춤 등에서 오랜 훈련을 통해 어느 정도 수준에 올라왔다고 하지만 여전히 일부 그룹이나 가수는 가창력 부족으로 립싱크 논란에 휩싸인다. K팝 가수들의 안무나 노래가 획일화됐다는 평가를 종종 받는 이유도 기획사에서 아티스트의 개성을 살리기보다는 당시 유행하는 안무나 곡의 형식만 살려 가수로 데뷔시켰기 때문이다.

K팝 가수들이 미국 대중음악 시장에 진출해 성공하려면 가수들이 가창력과 안무 등의 실력을 겸비하는 것은 기본이고, 아티스트의 개성을 잘 살리고 팬들과 직접 대면하면서 자신들의 매력을 발산할 수 있는 장을 많이 마련해야 한다.

## 한국의 아이돌 육성 방법 개선되어야

변방에 머물던 K팝이 세계 음악 시장에서 주류 문화로 발돋움하면서, 해외 언론들은 성공 비결을 대개 한국의 아이돌 육성 시스템에서 찾는다. K팝 가수들의 각종 사건·사고나 동정도 외신들의 관심사가 되어 아이돌 가수의 자살 소식이나 성 추문 등이 이제는 주요 뉴스로 전해진다. K팝의 위상이 높아진 만큼 가수 육성부터 관리를 보다 세련되게 해야 하는데, 여전히 관행을 답습하고 부족한 점이 많다는 비판을 받는다.

오래전부터 국내 아이돌 육성 시스템을 둘러싼 논란은 있었다. 아이돌을 희망하는 연습생들에 대한 노예 계약 문제부터 이익 배분 문제, 연습생 인권 침해까지 제기되는 문제도 다양하다. 아이돌 그룹 안에서 왕따나 괴롭힘 문제도 잊을 만하면 불거져 나온다. 이런 폐해에 대한 시정 조치 움직임이 없었던 건 아니다. 2010년 공정거래위원회가 연예인 불공정 전속 계약, '노예 계약' 제재에 나섰다. 대형 기획사 소속 연예인의 전속 계약서를 전수 조사해 전속 계약 기간을 13년에서 7년으로 줄이고, 추가 연장 계약을 3년으로 제한하도록 규제했다.

기획사의 과도한 사생활 침해나 관리 감독, 불공정 수익 배분 약관 조항을 수정하거나 삭제하도록 시정 명령 조치를 내렸다. 하지만 시정 명령은 법적으로 구속력이 없어 솜방망이 처벌이라는 지적을 피할 수 없다. 법으로 강제하는 제도적 장치가 필요하다는 지적이 계속 나오는 이유다.

이런 제도적 문제뿐 아니라 아이돌 연습생에 대한 기획사들의 일상 관리도 선진화돼야 한다. 기획사는 아이돌 연습생에 대한 심리 관리와 연습생들이 아이돌이란 꿈을 이루지 못했을 때 일상으로 돌아갈 수 있는 여건을 마련해줘야 한다. K팝 그룹의 멤버들뿐 아니라 연습생들은 대부분 신체적으로 정신적으로 성장기 연령대에 있다. 국내 기획사들은 이들을 모아서 오랜 연습생 기간과 합숙 생활을 거쳐 한국식 아이돌 그룹으로 탄생시켰다. 이 과정에 연습생들 간의 과다 경쟁이 심리적 피폐를 가져오는 경우가 많았다. 이런 이유로 기획사들은 대개 멤버들의 심리를 관리하기 위한 시스템을 운영하고 있다. 정신과 전문의 상담은 물론 회사 내 트레이닝 프로그램에 인성과 화합 등의 덕목을 교육하는 과정을 포함시켰다.

하지만 여전히 부족한 점이 있다. 상담가들이 기획사 소속이어서 연습생의 불안한 심리를 보살피기보다는 기획사의 분위기를 전하는 수준에 머물고 있다는 지적이 나온다. 연습생들의 고민을 해결해줄 전문 상담가의 체계적인 심리 관리가 필요하다.

기획사들이 '연습생 학교 보내기 운동'이나 '연습생 10시에 귀가시키기' 등의 운동을 펼칠 것을 제안한다. 아이돌을 꿈꾸는 연습생 중에 극히 소수만 가수의 꿈을 이룰 수 있기 때문이다. 기획사는 그 꿈을 이루지 못한 연습생들이 일상생활로 돌아가

정상적인 생활을 할 수 있도록 배려해야 한다. 국내 대형 기획사들은 마음만 먹으면 보완할 수 있을 것으로 생각한다. 하지만 영세한 중소 기획사들이 문제다. 그래도 이런 환경을 만들어야 한다. 세계무대에서 K팝 가수들이 새로운 역사를 쓰며 한국 대중음악의 위상을 올리는 것에 걸맞게, 기획사들도 연습생 관리 문화를 합리적 수준으로 업그레이드해야 한다.

## 국제화 리스크가 커진 K팝

2020년 상반기, BTS의 멤버 슈가의 솔로 음반 「D-2」가 논란에 휩싸였다. 조선 시대 음악 대취타를 샘플링하고 뮤직비디오도 사극 세트에서 촬영해 호평을 받은 노래 「대취타」가 담긴 앨범이다. 앨범을 발표하자마자 빌보드 차트 상위권에 오르는 등 상승세를 탔는데, 음반에 수록된 노래 「어떻게 생각해?」에서 예상치 못한 문제가 발견됐다. 해외 팬들이 노래 도입부에 미국 사이비 종교 교주 짐 존스의 연설 일부가 삽입된 것을 찾아냈다. 짐 존스는 1950년대 인민사원이란 종교를 창시해 900여 명의 신도를 음독자살하게 한 인물이다. 빅히트는 문제의 심각성을 깨닫고 해당 부분을 즉시 삭제한 뒤 재발매했다.

BTS는 이전에도 멤버들이 입은 의상 때문에 논란을 빚었다. 2018년에 유튜브 다큐멘터리 〈Burn the Stage〉에서 원자폭탄 투하 사진이 인쇄된 티셔츠를 입고 나와 구설수에 올랐다. 나치 문양이 박힌 모자를 쓰고 사진을 찍었다가 미국 유대인 인권 단체의 문제 제기에 사과하기도 했다. BTS의 음악을 전 세계인이 보고 듣다 보니 생긴 일이다. K팝이 무대를 세계로 확장하면서 생긴 '국제화 리스크'다.

K팝 그룹이 다국적 멤버로 구성되면서 수반되는 리스크 또한 커졌다. 대표적인 사건이 TWICE 멤버 쯔위의 타이완 국기 논란이다. 2016년 MBC의 〈마이 리틀 텔레비전〉에서 쯔위가 태극기와 타이완 국기를 흔드는 장면이 포착돼 TWICE와 JYP는 큰 홍역을 치렀다. 당시 해당 장면은 인터넷으로만 생중계됐을 뿐 본 방송에서는 편집되어 전파도 타지 않았다.

깃발이란 소품이 등장한 이유도 방송 콘셉트가 외국인 멤버들의 한국 문화 체험에 맞춰져 있었고, 시청자들에게 멤버들의 출신 국가에 대한 이해를 돕기 위한 것이었다. 정치적인 의미를 전혀 담고 있지 않았다는 얘기다.

하지만 한 친중 연예인이 쯔위를 '타이완 독립주의자'라고 비난하며 "하나의 중국 원칙을 인정하라"라고 공개 요구한 뒤 이 논란은 일파만파로 커졌다. 급기야 중국 내 웨이보 등에서 JYP 콘텐츠 배척 운동까지 거세게 일자, JYP 측은 쯔위의 사과 영상을 올리며 논란을 수습했다.

BTS 멤버의 수상 소감 발언이 논란에 휩싸이기도 했다. BTS는 2020년 10월 한·미 친선 비영리재단인 코리아소사이어티의 연례행사에서 한·미 우호 관계 증진에 기여한 공로로 밴플리트상을 받았다. 그런데 멤버 RM의 수상 소감을 중국 네티즌들이 트집을 잡았다.

"한국전쟁 70주년을 맞아 양국(한·미)이 함께 겪었던 고난의 역사와 많은 남성과 여성의 희생을 영원히 기억해야 한다"는 수상 소감에 대해 《환구시보》 등 중국 매체는 "BTS가 미국의 입장에만 맞춰 발언해 중국 팬들의 마음을 아프게 하고 중국 네티즌을 분노하게 했다"라고 보도했다. '항미 원조'와 중화사상을 내세운 중국인들의 무리한 지적에 K팝 팬들이 반발하고 여러 외신이 비판하는 기사를 내자, 중국 외교부가 상호 우호를 강조하는 입장을 표명하며 논란을 봉합하려는 모습을 보였지만 여진은 계속됐다.

이처럼 세계 시장에서 K팝의 문화적 영향력이 커진 만큼 국제 정치 이슈에 휘말릴 수 있는 리스크가 커졌다. 유사한 논란이 이후에도 얼마든지 재발할 수 있다. 위상이 높아진 만큼 K팝 가수들에게 각종 국제 정치·사회적 사안에 대해 견해를 밝혀달라는 목소리가 높아지고, 일상적인 인터뷰 기회도 늘어날 수밖에 없기 때문이다.

세계 시장을 겨냥해 다양한 국적의 멤버로 팀을 구성하는 것은 현지화 전략 차원에서 불가피하다. 상황이 이렇다면 논란을 피할 수 있도록 신경을 써야 한다. 기획사는 한·중·일이 역사적으로 민감하게 얽혀 있는 상황에서 멤버를 뽑을 때 신중해야 하고, 소속 가수들에게 진출하는 국가의 문화적 차이와 국제 현안을 충분히 교육해야 한다. K팝 아티스트들도 국제 정치적 이슈에 대해 촉을 세워 논란이 될 수 있는 발언이나 행위를 삼가야 하는 것은 물론이다. 논란이 있을 때 기획사가 전면에 나서기보다 팬들에게 토론의 장을 충분히 마련해주는 것도 문제 해소 방법이 될 수 있다. K팝도 엄연한 산업인 만큼 "손님(소비자)은 왕이다"라는 리츠칼튼호텔 체인의 창업자 세자르 리츠의 명언을 되새겨볼 필요가 있다.

02

# K팝의 진화, 다양한 방식이 필요하다

K팝은 화려한 군무와 단순 반복적인 리듬, 팬들과의 소통을 통해 세계무대 중심에서 트렌드를 이끌어가고 있다. 이렇게 힘을 키워가는 K팝이 세포 분열하며 진화하고 있다. 해외 현지인들을 선발한 뒤 현지에서 한국의 아이돌 양성 시스템을 가동해 K팝 가수로 데뷔시키거나, 외국인들이 나름대로 K팝을 자국의 언어로 해석해 라이브 공연을 펼치는 콘텐츠도 나왔다. 여기에 국악과 트로트 등 다양한 장르의 음악을 K팝과 접목해 해외 팬

들에게 접근하려는 움직임도 보인다. 이렇게 K팝은 진화하며 한국의 이미지를 대표하고 있다.

## 외국인 K팝 그룹의 성공

JYP가 새롭게 내놓은 일본 9인조 걸그룹 NiziU가 일본에서 폭발적인 인기를 얻고 있다. 2020년 1월 첫 싱글 「Step and a step」을 내놓자마자 오리콘 일간 싱글 차트 1위로 진입한 데 이어 주간 싱글 차트 정상을 차지했다. 싱글 판매량도 31만 장을 훌쩍 넘어 일본 걸그룹 사상 데뷔 싱글 첫 주 매출 역대 2위를 기록했다. NiziU의 이런 인기는 일찍이 예측됐다. 정식 데뷔곡을 발표하기 이전 공개한 NiziU의 디지털 싱글 「Make you happy」가 발매되자마자 오리콘 차트 1위를 차지했고, 현지 여성 아티스트 사상 처음으로 1억 스트리밍을 돌파하는 기염을 토했다. 데뷔곡 「Step and a step」을 발표하고 29일 만에 NHK의 〈홍백가합전〉에 출연한 것도 화제가 됐다. 매년 마지막 날 방송되는 일본의 대표적 가요 프로그램에 역대 가장 짧은 시간 만에 출연하는 기록을 세웠기 때문이다.

K팝의 현지화 전략 3단계

| | |
|---|---|
| 1단계 | 외국어 능숙한 해외 동포 출신 멤버 영입 → 해외 공략 시도 |
| 2단계 | 외국인 멤버 합류시켜 한국에서 양성 → 해외 시장 적극적 진출 |
| 3단계 | 해외 현지에서 외국인 멤버 선발 → 데뷔시켜 완벽한 현지화 완성 |

NiziU는 2019년 7월부터 1년에 걸쳐 JYP와 일본소니뮤직이 합작해 만든 걸그룹이다. 멤버 전원이 일본인으로 구성됐다. 박진영 JYP 대표가 TWICE 방식을 본떠 만든 '일본판 TWICE'다. JYP가 Mnet의 〈SIXTEEN〉을 통해 TWICE를 선발한 것처럼, 니쥬도 일본의 민영 방송 니혼TV에서 〈니지 프로젝트〉를 통해 뽑았다. 멤버 숫자도 TWICE처럼 9명이고, 멤버 선발과 데뷔곡 제작도 박진영이 맡았다. 팀명은 무지개를 뜻하는 일본어 '니지'와 '유U'의 합성어로 '니드 유Need You'라는 의미도 있다고 한다. 이들은 JYP 본사에서 트레이닝을 받으며 실력을 키웠다.

걸그룹 NiziU의 성공은 K팝의 현지화 전략 3단계로 진화해 성공한 케이스란 점에서 주목된다. K팝의 현지화 전략 1단계는 영어나 일본어가 능숙한 동포 출신을 배치해 해외 공략을 시도했던 것을 말한다. 이어 해외에서 외국인 멤버를 영입해 한국에서 K팝 그룹을 양성하며 해외 시장 공략을 시도했던 현지화 전략 2단계를 지나, NiziU는 해외 현지에서 멤버를 선발하고 데뷔시키는 현지화 전략 3단계의 성공 케이스에 해당한다.

이에 앞서 JYP는 멤버 전원이 중국인으로 구성된 '보이스토리'를 중국에서 데뷔시켰다. SM도 한국인 한 명 없이 중화권 멤버들이 다수 포함된 다국적 그룹인 WayV(웨이션브이)라는 아이돌 그룹을 결성했다. 이들도 JYP나 SM 육성 시스템을 따랐고, 주 활동 무대는 중국이다. 일각에서는 "잘나가는 K팝 아이돌 제작 시스템을 해외로 유출하는 것 아니냐"는 비판의 소리가 있다. 하지만 해외 시장 진출을 위해 K팝의 확장력을 키운다는 점에서 정당하고 성공적인 진화의 모습으로 생각한다. 특히 코로나-19 시대, 국가 간의 이동이 어려워지면서 현지인을 선발해 양성한 K팝 그룹의 활동 영역이 더욱 커질 것으로 예상한다.

K팝 양성 시스템을 통해 탄생한 외국인 K팝 그룹과 함께, 외국인들이 해외에서 만든 K팝 그룹도 우리의 시선을 끈다. 유럽 최초의 K팝 걸그룹 'KAACHI(가치)'를 말한다. 영국 런던에서 2019년 말 결성돼 2020년 4월 데뷔한 이 그룹은 유명 관광지이면서 각종 거리 공연이 펼쳐지는 트래펄가 광장, 피커딜리 서커스의 춤꾼 출신이다. 멤버는 런던 K팝 커버댄스경연대회에서 뛰어난 춤 실력을 선보였던 3명의 영국인과 한국에서 한국무용을 전공했던 1명의 한국인으로 구성됐다.

'영국의 BLACKPINK'란 별칭과 함께 데뷔곡 「Your Turn」 뮤직비디오가 유튜브에서 단 60일 만에 조회 수 1,000만을 돌파했다. 2번째 싱글 「Photo Magic」도 남미·멕시코·페루 지역에서 유튜브 트렌드 톱 5를 획득하며 많은 관심을 받고 있다. 팀명은 함께한다는 의미의 '같이Together'와 해외 현지 K팝 가수로서 중요성을 인정받고 싶다는 의미의 '가치Value'를 포괄하는 단어로 정했다고 한다. 현재 이 그룹의 매니저 역할을 하는 기획사 프론트로우 이혜림 대표는 KAACHI란 이름이 지어진 비화를 이렇게 말했다.

> 가치라는 언어가 한국 단어이지만 얼핏 들으면 유럽 단어처럼 느껴지고, 사치갤러리(영국 유명 아트 갤러리), 구찌(패션 브랜드), 토리버치(패션 브랜드)같이 끝에 '치'가 붙으면 고급진 패션 브랜드 느낌이 들어서 결정하게 됐어요. 처음에는 Gachi로 생각을 했는데, K팝을 상징하고 K사운드가 좀 더 강렬하고 임팩트가 있을 것 같아 KAACHI로 이름을 정했습니다

런던을 기반으로 활동한다는 것도 장점이라고 한다. 새로운 것, 문화에 대한 다양성, 오리지널리티에 큰 가치를 두는 사회적

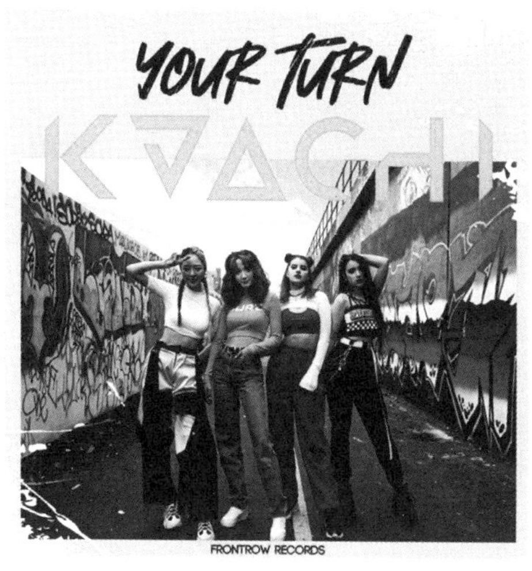

유럽 최초의 K팝 걸그룹 KAACHI.

분위기가 있어, 영국에서 아직 주류 문화에 진입하지 못한 K팝이지만 많은 관심과 응원을 받고 있다고 했다. BTS의 런던 웸블리 공연을 기점으로 K팝에 대한 인지도가 높아져 현지 방송 출연 기회가 늘고 2021년 새해 영국의 대표적인 국가 행사인 '런던 새해 퍼레이드LNYDP : London New Year Day Parade'에서 KAACHI가 K팝 그룹 최초로 공연도 했다. KAACHI의 도전은 신선하면서도 열정이 느껴진다. 국내 학계에서도 이들의 활동에 관심을 갖고 연구가 진행되는 이유다. 이혜림 대표는 해외에서 자생적으로 만들어진 K팝 아이돌 그룹의 강점은 '다양성'이라고 했다.

영국 등 유럽 현지에서 K팝에 관심이 없던 사람들에게도 자연적으로 활동을 통해 K팝을 홍보할 수 있고, 다양한 국적의 멤버들이 세계 여러 나라의 팬과 멀티 언어로 소통도 가능하다는 점이 장점이죠. 다양성을 바탕으로 다양한 문화를 접목해 음악을 만들어볼 수 있다는 점도 다른 K팝 그룹에 비해 큰 강점입니다.

어린 시절 각각 소녀시대와 빅뱅, 샤이니 등을 우연히 보고 K팝의 매력에 빠졌다는 가치의 멤버들은 런던 거리 특유의 문화를 톡톡 튀는 K팝의 특징에 녹이고 싶다는 희망을 피력했다. 두 문화의 장점을 합쳐 더 나은 모델을 만들어보겠다는 것인데, 그래서 이들의 음악과 뮤직비디오가 색다르고 참신하게 느껴진다.

## 외국인들의 K팝 콘서트

2020년 5~7월, 케이블 E채널에서 방송된 외국인 K팝 서바이벌 오디션 프로그램 〈탑골 랩소디: K-POP도 통역이 되나요?〉는 화제를 낳았다. 외국인 출연자들이 K팝 가왕 자리를 놓고 벌이는 경연 프로그램이다. 1절은 한국어, 2절은 모국어로 번안해 부르는 방식인데 외국인들의 K팝 콘서트로 보면 된다. 매년 설이나 추석에 특집 프로그램으로 편성되는 외국인 가요제와 비슷한 형태지만, 출연자들의 실력 면에서 차원이 달랐다.

그들의 애절한 감성과 폭발적인 가창력, 그들의 언어로 우리 노래를 완벽하게 소화해 부르는 모습에 시청자들은 큰 감동을 받았다. 인기는 당장 유튜브 조회 수로도 확인된다. 1대 가왕 라라 베니또가 스페인어로 부른 백지영의 「잊지 말아요」는 조회수가 157만을 넘겼다. 특히 댄스 퍼포먼스 위주의 K팝에서 탈피해 호소력 짙은 성량으로 발라드 음악을 소화했다는 점에서 높은 평가를 받았다. 출연자들의 사연도 다양했다. 한국에 놀러 왔다가 가수의 꿈을 실현한 인물부터 외국인 근로자로 들어와 한국어를 배우기 위해 노래를 불렀다는 사연까지 곁들여져 관객들의 감동을 자아냈다.

통역 없이 의사를 자유롭게 밝힐 정도로 우리말을 잘하는 출연자들은 모두 한국어 가사를 직접 모국어로 번역했다. 이들이 고른 곡들은 1990년대 중후반의 한국 가요까지 망라돼 있다. 외국인들이 언어는 달라도 추억의 음악 감성은 시간을 거슬러 올라가 통할 수 있다는 면을 보여줬다. 라라 베니또는 가족을 생각하며 노래했다고 선곡 이유를 밝혔다.

2005년부터 한국과 중국을 오가며 가수 활동을 하고 있는 3대 가왕 찐룬지는 "시간이 흐를수록 가사 내용이 와닿고, 그 시절의 노래는 의미와 감동이 다르다"면서 선곡한 이소라의 「제발」을 극찬했다.

이들의 음악 활동이 주목을 받은 만큼 언론 인터뷰 기사도 잇따라 게재됐는데, 1절 한글 가사를 2절 모국어로 번안하는 과정에 쏟아부은 그들의 노력이 시선을 끌었다. 파파고 등 인터넷 번역기를 돌려 문자만 옮기는 게 아니라 노래의 맥락을 읽고 그 가수가 어떤 이야기를 하려는지까지 파악해 소화하려 했다고 한다. 시적이면서 멜로디와 박자까지 맞아야 하는 쉽지 않은 일로, 국내 전문 싱어송라이터들도 하기 어려웠을 작업이다. 제작을 다시 한 것이라 할 수 있다.

〈탑골 랩소디: K-POP도 통역이 되나요?〉 프로그램을 보면서 대중문화의 감성은 국경을 넘어 전 세계인들이 공감할 수 있다는 것을 다시 확인할 수 있었다. K팝 문화가 외국인들이 해외 현지에서 K팝을 좋아하는 팬들이 그들의 안무를 따라 하는 커버댄스경연대회에서 한 차원 더 진화해 2차 한류로 발전할 수 있다는 느낌을 받았다.

## 국악 K팝, 트로트 K팝의 성공 가능성은

BTS의 멤버 슈가가 '어거스트 디(Agust D)'란 이름으로 발표한 「대취타」는 국악 K팝의 가능성을 보여줬다. 그의 뮤직비디오를 보면 퓨전 사극 영화 한 편을 보는 듯하다. 조선 궁궐과 저잣거리를 오가며 폭군과 천민의 역할을 카리스마 넘치게 표현한 슈가의 열연이 화면 가득 펼쳐진다. 화려한 검무도 볼 만하지만, 도전적인 랩 가사가 되풀이되는 가운데 태평소와 꽹과리가 어우러진 대취타[4] 연주가 보는 사람의 가슴을 뻥 뚫리게 한다.

「대취타」는 나오자마자 미국·영국 등 세계 팝 음악 시장 양대 차트에 진입하며 큰 인기를 얻었다. 전 세계 팬들의 반응도 폭발적이어서 뮤직비디오는 단숨에 유튜브 조회 수 8,000만 뷰에 육박했다. 이런 인기에 힘입어 원곡인 전통음악 '대취타'에 대한 관심도 크게 늘었다. 음원을 제공한 국립국악원은 2016년에 제작한 영상의 조회 수가 2주 만에 수십만 뷰로 폭증하자 제목을 영어로 바꾸고 영어 자막까지 넣는 등 발 빠르게 대응했다.

이런 K팝과 국악의 만남은 이전에도 시도된 적이 있었다.

---

4 대취타는 조선 시대 관악기와 타악기 등으로 편성되어 왕 또는 귀인의 행차, 군대 행진에서 연주되던 군례악이다. 타악기 중심으로 몇 개의 취악기로 편성되지만 호령하듯 위엄 있는 장쾌한 음악이다.

1993년 서태지와 아이들이 「하여가」 속에 태평소 능게가락을 샘플링했고, 싸이는 독일 월드컵과 런던 올림픽 응원가를 국악과 콜라보레이션을 해서 만들었다. 빅뱅의 G. 드래곤도 「닐리리야(Niliria)」(2013)와 황태지의 「맙소사」(2015) 등에 국악의 추임새를 더해 노래의 흥을 살렸다.

그런데 어거스트 디의 「대취타」는 이들 음악과 큰 차이가 있다. 곡 전체의 메인 테마로 국악을 내세웠다는 점에서다. BTS는 2018년에도 「IDOL」에 '덩기덕 쿵더러러' 굿거리장단과 '지화자 좋다 얼쑤' 같은 추임새를 넣었다. 이 추임새는 BTS가 월드투어 콘서트 현장에서도 선보여 해외 팬들이 떼창을 하면서 환호했다. 소셜네트워크서비스에서는 '#얼쑤' 같은 해시태그가 달리고, 해외 인터넷 포털에서는 '얼쑤' '지화자'의 의미가 무엇인지를 물어보는 질문이 잇따라 올라오기도 했다. 자기 뿌리를 보여주려는 BTS의 시도는 음악계 전체에 화두를 던진다.

해외에서는 재즈나 타악 분야에서 국악이 독보적인 것으로 인정받고 있다. 이런 상황에서 국악+록 음악, 국악+힙합 등 팝 장르와의 접목은 경쟁력 있는 시도라 할 것이다. 포스트 록과 국악기를 결합한 밴드 잠비나이는 해외에서 상당한 인기를 얻었고, 민요 록밴드 '씽씽'은 죽어가고 있던 우리 전통음악에 새로운 지평을 열었다는 평가를 받는다.

최근에는 전통적인 판소리에 현대적인 팝 스타일을 적절하게 조화시킨 음악으로 인기를 끌고 있는 '이날치 밴드'의 광폭 행보가 우리의 관심을 끈다.

> 범 내려온다. 범이 내려온다. / 장림깊은 골로 대한 짐승이 내려온다. / 몸은 얼숭덜숭, 꼬리는 잔뜩 한 발이 넘고, / 누에머리 흔들며, / 전동같은 앞다리, / 동아같은 뒷발로 / 양 귀 찌어지고, / 쇠낫같은 발톱으로 잔디뿌리 왕모래를 좌르르르르 흩치며, 주홍 입 쩍 벌리고 '워리렁' 허는 소리

반복되는 가사와 중독성 있는 멜로디, 뮤직비디오를 보면 홍대 앞 클럽에 어울릴 법한 분위기인데, 가사를 들어보면 판소리 「수궁가」의 한 장면이다. 이들의 뮤직비디오는 언뜻 혼란스럽고 키치해 보이지만, 360도 VR 영상을 시도하는 등 그래픽적으로 다양한 시도를 했다. 「수궁가」의 주인공이라고 할 수 있는 토끼의 형상을 여러 이미지로 제시했고, 토끼 인형 옷을 입은 사람이 '간'이란 글자를 합성한 백지를 들고 있는 장면도 있다.

난해한 한자어와 고어체 문장일 수밖에 없는 이날치의 가

사가 주는 무거움을 날리는 팝적인 시도라 할 수 있다. 별주부가 호랑이를 만난 순간을 묘사한 이 노래가 한국관광공사 홍보 영상에 등장해 세계적인 화제를 모았다. 유튜브 조회 수만 2,900만, 이날치가 등장하는 다른 영상들까지 합하면 2억 7,000만을 넘었다.

2018년 결성된 밴드 이날치는 베이스 2명, 드럼 1명, 국악을 전공한 소리꾼 4명으로 구성됐다. 이들은 국악도, 힙합도, 디스코도 아닌 새로운 장르를 개척하며 대중과 소통하고 있다. 소통의 뿌리는 우리의 전통음악이라는 고집과 옛것을 익혀서 새것을 추구한다는 오랜 가르침을 바탕으로 한다. 국악과 서양 음악을 세련되게 섞은 이날치의 시도와 같이 '트로트 K팝' 역시 가능성 있는 시도라 할 수 있다. 영화 〈기생충〉, 드라마 〈킹덤〉, BTS 등 지극히 한국적인 색깔의 K콘텐츠가 세계에서 주목받고 있다는 점에서 한국의 전통음악의 대중문화 진출은 고무적이다. 대중음악이 전통과 시너지를 내는 순간 글로벌 시장으로 함께 들어가는 급물살을 탈 수 있을 것으로 생각한다.

03

# K팝을 넘어 K컬처로

세계 시장에서 K팝이 성공을 거둔 이후 한국 음식, 한국 드라마, 한국의 가전제품이 곳곳에서 더욱 익숙한 것이 되어가고 있다. K팝 음악이 흘러나오는 맨해튼 식당에서 K팝 가수들의 의상과 헤어스타일을 따라 한 외국인들이 한국 음식을 즐기는 모습은 최근 쉽게 볼 수 있는 풍속도다. K팝의 성공이 한국 대중음악 분야의 성공에 그치는 것만은 아니다. 한국의 브랜드 가치와 소프트파워가 커져가는 증거인 셈이다.

이번에는 전 지구적 담론이 된 K팝의 인기가 K컬처 수출로 확산되는 모습을 소개하려 한다. 독자들은 세계인들 마음속에 스며들어가며 대세 문화로 자리를 잡아가는 K팝이 K컬처 확산에 얼마나 지대한 영향을 끼치는지 확인할 수 있을 것이다.

## K팝을 통해 한국 역사를 배운다

2020년 6월 초, BTS는 유튜브를 통해 「Dear Class of 2020」이란 뮤직비디오를 공개했다. 코로나-19로 졸업식을 제대로 치르지 못한 전 세계 젊은이들을 위로하고 응원하기 위해 BTS의 일곱 멤버가 헌사하는 형식의 뮤직비디오였다. 영상의 배경은 국립중앙박물관이다. 7명의 멤버가 히트곡을 노래하는 순간, 국립중앙박물관 중앙 통로에 놓인 비석 하나가 희미하게 보였다. 통일신라 원랑선사의 행적을 기록한 탑비였다.

중·고등학교 『한국사』 교과서에 원효대사나 의상대사 행적은 꽤 소개돼 익숙하지만 원랑선사는 역사에 대해 비교적 관심이 많았던 나도 잘 알지 못했던 인물이다. 원랑선사의 이름은 대통大通이다. 어려서부터 비범해 제자백가에 통달했던 그는 뒤에 불교 경전을 읽고 인생무상을 느껴 출가했다고 한다. 이후 당나라로 건너가 도를 닦다가 신라에 돌아와 충청북도 월악산 월광사에서 머물며 불법을 폈쳤다.

중국에서 받아들인 가르침이지만 우리 땅에 맞게 소화해 중국을 넘어서는 새로운 사상으로 키워간 당대의 승려 중 한 분이었다. 그가 입적하자 많은 사람이 애도했고 선사의 높은 뜻을 기려 탑비를 세웠는데, 형태가 온전하고 조형미가 뛰어나 통일신라 탑비 가운데 걸작으로 꼽힌다. 원랑선사 탑비가 국립중앙박물관 한복판에 자리 잡게 된 이유도 이 때문이다.

BTS는 뮤직비디오에 원랑선사 탑비를 슬그머니 노출하며 1,200년 전의 신라 고승을 팬들과 세계인들에게 소개했다. '코로나 세대'를 위로한다는 취지를 전달하면서 세계인들에게 신라 불교의 사상과 한국 역사에 관심을 갖게 만드는 일석이조의 효과를 거둔 것이다.

이것이 BTS의 힘이고 대중문화의 힘이다. BTS가 의도했을 수도 있고 우연일 수도 있지만, 원랑선사와 BTS가 우리 역사에 던져주는 공통점이 있다. 중국의 문물 '선종'과 서구 문화의 한 콘텐츠인 '팝'을 들여와 우리 문화를 풍성하게 하고 우리의 문화를 외국에 더욱 널리 알린 점이다.

BTS가 자신들의 콘텐츠를 통해 한국 역사를 알린 사례는 이번이 처음이 아니다. 2015년 공개된 앨범 「화양연화 pt.2」에 수록된 노래 「Ma City」에서 5·18광주민주화운동이 등장한다. 광주 출신인 제이홉 등 멤버 3명이 직접 작사한 곡으로, 멤버 각자가 자란 도시를 주제로 담았다. 이 노래를 들은 BTS의 외국인 팬들이 5·18의 의미를 공부하고, 5·18 묘역을 직접 찾은 아미들도 있었다고 한다. 2019년 발표된 미니앨범 「MAP OF THE SOUL : PERSONA」가 심리학자 카를 융의 연구에서 영감을 받았다는 것이 알려지면서, 앨범의 모티브가 된 책 『융의 영혼의 지도』가 국내외에서 베스트셀러가 된 것도 BTS가 전 세계 문화계에 끼치는 영향력이라 할 수 있겠다.

## 해외 기관 한국어 강좌 인기

K팝의 인기는 뉴욕한국문화원 등 세계 각국에 있는 한국문화원이나 코리아소사이어티 등 한국 문화를 소개하는 공공기관에 개설된 K팝 아카데미와 한글교실에 많은 외국인이 수강신청하는 것에서도 느낄 수 있다.

맨해튼의 사설 K팝 강습소. K팝 인기 상승과 비례해 매년 20% 넘게 수강생이 증가하고 있다.

10대 청소년에서 30·40대 성인들까지 K팝 강습소를 찾는데, 대부분 K팝과 한국 드라마가 좋아서 지원하게 됐다고 한다. 76개국 213개소에 마련된 한국어 교육기관 '세종학당'에서도 7만 5,000여 명의 외국인이 한국어와 한국 문화를 익히고 있다. 이 가운데 상당수 수강생은 한국에 있는 대학이나 한국을 방문해 한국 문화를 배우고 싶다는 희망을 피력한다고 한다.

사설 K팝 교육기관도 번성하고 있다. 돈을 내서라도 K팝을 배우려는 사람들이 적지 않기 때문이다. 나는 평일 저녁 맨해튼에 있는 K팝 사설 강습소를 취재했다. 저녁 8시가 조금 넘은 시각, 맨해튼 도심의 한 빌딩 공간에서 다이내믹한 K팝 선율에 맞춰 춤 연습이 한창이었다. 바쁜 하루 일과를 마치고 모인 학생과 직장인들이 쉴 새 없이 쏟아내는 강사의 설명을 놓치지 않으려고 땀을 뻘뻘 흘리며 안간힘을 다했다. 수강생의 인종과 연령대는 다양했지만, 이들의 목표는 좋아하는 K팝 안무를 제대로 배워 멋지게 춰보고 싶다는 것이다.

강의 도중, 미국인 강사가 한국어를 툭툭 던지며 율동을 가르치고, 이를 진지한 표정으로 듣고 배우는 수강생들의 모습이 전혀 어색하지 않았다. K팝 안무를 배우고 있는 수강생 프란체스카에게 K팝 춤을 배우는 데 어려움은 없는지 물었다. 그녀의 대답은 이랬다.

> You can understand the feeling of a song, even if you don't know the words. So you can see the expression.
> 단어를 몰라도 노래의 느낌을 알 수 있어요. 어떤 것을 표현하려고 했는지 알 수 있죠.

음악 자체만 들어도 무엇을 노래하려고 하는지 느낌이 온다는 것이다.

BTS가 미국 무대에서 성공한 이후 이 사설 K팝 강습소에 미국인 수강생들이 매년 20% 이상 늘었다고 한다. K팝의 인기는 현재 특정 분야나 지역에 국한돼 나타나는 유행이 아니다. 전 지구적인 현상처럼 느낄 정도로 확산 속도가 빠르고, 폭과 영향력이 커지고 있다.

한국어를 사용하는 사람이 많아지고 한국 문화를 더 가까이 하는 사람이 늘어나는 것, 이런 게 진정한 한류가 아닐까. K팝의 노랫말에서 시작된 한국어 사랑이 더 깊은 교류와 이해로 이어질 것이고, 이들이 성장해 어느 기업에서 일하고, 무엇을 좋아할지는 상상할 수 있는 일이다. 정부 입장에서도 이 기회를 잘 살려야 하겠다. 해외의 공공기관에서 한국어와 한국 문화를 꾸준히 교육할 수 있도록 교원을 파견하고 교재를 개발하는 노력을 기울여야 한다. 문화 수출이 대한민국 브랜드 가치는 높아지고, 각종 산업 발전의 원동력으로 이어질 것이기 때문이다.

## 번역·통역의 힘

K팝과 K컬처가 세계무대 중심에 서는 과정에 번역과 통역의 역할은 매우 컸다. 언어 장벽을 넘어서기 위해 외국어를 직접 배

우려는 가수들이 있었고 외국어 구사가 가능한 동포나 외국인을 영입하는 전략을 쓰기도 했지만, K팝 가수들의 외국어 콤플렉스는 보이지 않는 해외 진출의 장애 요소였다. 이것을 뛰어넘은 것이 BTS다.

데뷔하기 전부터 팬들과의 지속적인 소통으로 탄탄한 팬덤을 만든 것도 있지만, 젊은이의 꿈과 애환을 담은 한글 가사로 당당히 세계무대를 아우른 BTS의 성공은 K팝이 언어 장벽을 넘어설 수 있다는 것을 시사한다. 하지만 해외 음악 소비자가 문화 콘텐츠를 쉽고 제대로 즐길 수 있으려면 훌륭한 번역이나 통역 지원은 필요하다. 아무리 작품이 좋다고 한들 번역이 그 작품에 밴 감정을 온전히 담아낼 수 없다면 해외 소비자가 받아들이는 수준이 밋밋할 수밖에 없다. 가사가 아무리 재미있더라도 해외 팬들의 이해도가 떨어져 눈길을 끌 수 없다는 얘기다. 현지 시장에 물건을 팔기 위해 소비자가 보고 감상하는 데 편하게 하는 것은 물건을 제조하고 판매하는 입장에서 당연하다. 그래서 고급스러운 번역과 통역이 필요한 것이다.

봉준호 감독의 영화 〈기생충〉이 "자막의 장벽을 뛰어넘어" 외국 관객들을 사로잡고 난공불락 같은 아카데미 시상식까지 정복한 데는 번역의 힘이 무시할 수 없었다. 영화 내용도 좋았지만,

번역의 역할도 해외 영화 팬들의 공감을 얻는 데 큰 힘으로 작용했다. 〈기생충〉의 한글 대사를 영어 자막으로 옮긴 사람은 미국 출신으로 한국에서 20년 넘게 자막 번역과 영화평론가 등으로 활동했던 달시 파켓Darcy Paquet이다.

그는 〈기생충〉 특유의 맛깔스러운 대사를 뉘앙스와 상징성을 잘 살려 번역해 호평을 받았다. 극 중 짜파구리(짜파게티+너구리를 섞어 끓인 라면)를 라면과 우동을 합친 람동Ramdong으로 옮긴 게 대표적이다. 기택(송강호)이 재학 증명서를 그럴듯하게 위조한 딸 기정(박소담)의 실력에 감탄하며 "서울대 문서위조학과 뭐 이런 것은 없냐"고 농담으로 묻는 대목에선 '서울대'를 외국인이 이해하기 쉽게 '옥스퍼드'로 바꾸기도 했다.

2019년 5월 제72회 칸국제영화제부터 봉준호 감독 옆에서 통역을 도맡아 해온 샤론 최도 빼놓을 수 없다. 그는 봉준호 감독의 의도를 정확하게 살려 통역하는 것으로 유명하다. 봉 감독은 그에게 '언어의 아바타'라는 수식어를 붙여줬는데, 2020년 아카데미 시상식에서도 줄곧 그는 봉 감독과 함께했다. 2019년 1월 제76회 골든글로브 시상식에서 외국어상을 받은 직후 봉준호 감독이 한 수상 소감은 문화 콘텐츠를 생산하는 창작자들의 외국어에 대한 고민과 통역의 중요성을 포괄적으로 나타냈다.

자막, 그 1인치의 장벽을 뛰어넘으면 여러분이 훨씬 더 많은 영화를 즐길 수 있습니다.

Once you overcome the one-inch tall barrier of subtitles, you will be introduced to so many more amazing films.

K팝, K무비 등 각종 K컬처가 국제 엔터테인먼트 산업의 중심부를 흔드는 것을 보면, 우리의 콘텐츠가 경쟁력이 있다는 점은 명확하다. 다만, 이런 양질의 콘텐츠가 제 가치를 인정받고, 더욱 높은 평가를 받으려면 전문적인 번역과 통역이 뒷받침돼야 한다. 품격 있고 콘텐츠의 맛을 잘 살릴 수 있는 번역·통역 시스템 구축이 K콘텐츠에 더 많은 기회를 제공할 것으로 기대한다.

## 세계 패션계 '힙'한 아이템 한복

2020년 6월, BLACKPINK는 NBC의 간판 프로그램인 〈The Tonight Show Starring Jimmy Fallon〉에서 「How You Like That」 무대를 처음 공개했다. 전 세계 가요계는 물론 패션 업계까지 사로잡고 있는 BLACKPINK의 멤버들이 어떤 의상을 입

을지 관심이 높았는데, 이들이 택한 무대 의상은 한복이었다. 한복을 입고 출연한 BLACKPINK의 무대 영상은 동시 접속자 수 21만 명을 기록해 이들의 글로벌 입지를 실감케 했다. 공개 32시간 만에 1억 뷰를 돌파하며 폭발적인 관심을 모은 「How You Like That」 뮤직비디오에서도 BLACKPINK는 개량 한복을 입고 멋진 군무를 선보였다. 덕분에 전 세계인들이 한복에 대해 높은 관심을 갖는 계기가 됐다.

BLACKPINK에게 한복을 제공한 업체의 대표 단하는 KBS 디지털뉴스 소속 크랩과의 인터뷰에서 "로제가 입은 옷은 조선시대 때 무관들이 입었던 공복인 철릭을 춤추기 편하게 기장을 많이 줄여서 원피스 형태로 제작했고, 제니가 입은 핑크 색깔 저고리는 선비들이 입었던 도포를 모티브로 해서 만들었다"라고 했다. 그러면서 "전통의 범위에서 벗어나지 않는 선에서 한복을 새롭게 디자인하려고 노력했고, 한국의 전통의 미를 살릴 수 있는 디테일은 최대한 사용하려고 했다"고 설명했다.

그녀는 "BLACKPINK의 뮤직비디오가 화제를 일으키면서 외국 팬들의 관심이 높아졌고 한복 구매 문의가 굉장히 많이 오고 있다. 이번을 계기로 한복에 대한 새로운 가능성을 엿볼 수 있게 됐다"고 언급했다.

미국의 패션 잡지에서도 BLACKPINK의 한복 의상을 앞다퉈 다뤘다. 미국의 패션잡지 《보그》는 「Black Pink's 'How You Like That' Video Is a Runway Fashion ExtravaganzaBLACKPINK의 뮤직비디오는 런웨이 패션을 담은 화려한 오락물」이라는 제목의 기사를 통해 BLACKPINK가 입은 명품 컬렉션 의상을 자세히 소개했다. BLACKPINK가 대담한 안무와 멋진 의상을 입고 히트곡 제목 "How You Like That?어떤 것 같니?"을 외치며 팬들에게 대형 스타로 발돋움한 자신들의 위상을 확인시켰다고 평가했다.

또 다른 미국 패션 잡지 《엘르》도 "4명의 소녀가 한국 전통 의상인 한복에 현대적인 분위기를 가미해 개성 있는 스타일로 연출한 장면에 큰 관심이 쏠렸다"고 전했다. 유튜브에서도 BLACKPINK의 개량 한복을 입은 해외 팬들의 커버 댄스 영상이 쏟아져 나오며 폭발적인 인기를 반영했다.

BTS의 슈가가 발표한 솔로곡 「대취타」와 넷플릭스 드라마 〈킹덤〉 등을 통해 한복과 조선 시대 갓 문화가 외국인들에게 소개되면서 미국 현지에서 한국 전통 패션에 관심이 높아졌다. 이런 이유 때문인지 최근 구글 트렌드에서 '한복Hanbok'이라는 키워드 검색이 폭발적으로 늘었고, 세계 최대 온라인 쇼핑몰 아마

존에서도 전통 모자인 '갓'을 구매하려는 사람이 많다고 한다.

뉴욕주 스토니브룩대학 대형 전시관에서 열린 '조선 모자 전시회'가 기획된 것도 이런 분위기가 모티브가 됐다. 외국인 관람객들은 모자에 은은히 살아 있는 섬세한 문양과 다양한 소재를 멋스럽게 조립한 조선 선비의 갓과 여성이 예복을 입을 때 머리에 얹는 족두리에 관심을 보였다.

주최 측은 우리 선조가 한복이란 의상뿐 아니라 멋스러운 선이 살아 있는 갓이나 화려한 색의 화관 등을 통해 다양한 패션 문화를 연출했다면서 이번 전시회가 과거와 현재, 동서양의 모자 문화를 비교 체험할 수 있는 계기가 될 것으로 평가했다. K팝과 K드라마에 이어 K패션과 우리 고유의 한복 문화도 당당히 글로벌 의류 문화 시장으로 진격하고 있다.

## K푸드 인기, 미국 속 한류

2020년 상반기, 달고나 커피가 한류 열풍의 주인공이 됐다. 인스턴트 커피 가루에 설탕과 뜨거운 물을 넣고 크림처럼 될 때까지 휘저어 차갑거나 뜨거운 우유를 넣어 만드는 달고나 커피가 폭발적 인기를 얻었기 때문이다. 달고나 커피를 영어로 표기한 Dalgona coffee란 단어가 영어 사전에 등재될 정도였고, 구글에 영어로 Dalgona coffee를 입력하면 외국인들이 달고나 커피가 무엇이고, 어떻게 유래가 됐는지, 어떻게 만드는지를 자세하게 소개하는 글을 많이 올린 것을 볼 수 있다.

구글에 따르면 2020년 상반기 '달고나 커피'가 전 세계에서 가장 많이 검색된 커피 종류로 집계됐다. 달고나 커피가 뜬 가장 큰 이유는 코로나-19로 인한 사회적 거리두기가 한창일 때 BTS의 지민과 RM이 온라인에서 달고나 커피 만들기를 시연했기 때문이다. 그들이 커피를 만들어 먹는 것을 보고 팬들이 열광했고, 팬들이 달고나 커피의 매력을 소셜네트워크서비스 곳곳에 퍼 나르면서 세계인들이 달고나 커피의 매력에 푹 빠지게 됐다. K팝 가수들의 인기가 K푸드에 관한 관심으로 이어진 사례다.

달고나 커피가 아니더라도 예전과 확연히 달라진 K푸드의 인기는 맨해튼 식당가에서 쉽게 확인할 수 있다. 코리아타운에 즐비한 한국식당도 주 고객층이 동포나 한국인 관광객들에서 미국 현지인들로 바뀌었다. 맵거나 짜다면서 잘 먹지 못했던 불고기나 김치찌개의 매력에 빠져 한여름이나 추운 겨울에도 줄을 서서 한국 음식을 먹는 뉴요커들이 적지 않다. 한국식당에서 미국인에게 가장 인기 있는 메뉴는 순두부찌개, 돌솥비빔밥, 해장국이다. 매운맛에 입맛을 들인 사람들이 떡볶이를 간식으로 즐기는 것도 흔히 볼 수 있다.

『미슐랭 가이드』에 별점을 받는 식당에 올라갈 정도의 세계적인 맛집에 맨해튼의 한국 음식점들이 잇따라 이름을 올리고 있다. 웬만한 슈퍼마켓에는 한국에서 직수입하는 김치, 김, 라면이 날개 돋친 듯이 팔린다. 한때는 특유의 냄새와 맛 때문에 혐오 식품처럼 취급됐던 김치가 건강식품으로 알려지면서 미국인의 식탁에 오르게 됐다. 이명박 정부 시절 이후 정부 차원에서 한식 세계화를 국책 사업으로 펼쳐왔어도 번번이 자리 잡지 못했던 K푸드가 이제 미국 가정과 식당에서 많은 사람이 관심을 갖고 좋아하게 됐다.

이뿐만이 아니다. 한국화의 여백처럼 식재료 본연의 맛이나 한국식 양념으로 승부를 건 우리의 음식이 미국 음식 전문가들의 입을 매료시킨 일도 있다. 뉴욕한국문화원이 한국의 전통 사찰 음식을 소개하는 자리에서였다. 감자옹심이죽, 백김치, 배냉면, 애호박만두 등이 입맛 까다로운 뉴욕의 음식 전문가들에게 제공됐다. 특별한 양념을 쓰지 않고 식재료인 채소 맛만 살려 다소 맛이 심심하지 않을까 생각했는데, 많은 참석자가 연신 "원

뉴욕 록펠러센터에 연 '비비고 퀵서비스 레스토랑'이 직장인 사이에서 인기다. ⓒ CJ ENM

더풀"을 외치며 극찬했다.

'패스트푸드의 왕국' 미국의 냉동식 간편 음식 분야에서도 K 푸드의 약진이 두드러진다. 2019년 12월 말부터 CJ제일제당이 맨해튼 록펠러센터 한켠에 '비비고 퀵서비스 레스토랑'을 열었는데, 매장에 밀려드는 손님들로 북새통을 이뤘다. 고객은 같은 건물에 입주한 NBC 간부부터 인근 금융 회사 직원, 해외 관광객까지 다양했다. 이들은 비빔밥이나 만두튀김, 닭강정, 잡채를 메인 반찬으로 한 포장 도시락을 구매해 가게를 빠져나갔다. 음식을 사 먹는 직장인에게 물어보니 "한식의 매콤하고 건강한 식

단이 매력"이라고 했다. 식당의 일일 매출은 하루 평균 4,000달러(약 440만 원)로, 손익분기점인 2,000달러(약 220만 원)의 2배를 쉽게 달성한다고 CJ 측은 말했다. 예상 밖의 인기를 얻자 두 달 예정으로 한시적 영업을 할 생각이었던 CJ 측은 기한 연장을 심각하게 검토하기도 했다.

흥겨운 K팝 아이돌 그룹의 노래가 흘러나오는 레스토랑에서 한국 간편식 음식을 먹는 외국인들의 모습을 보며 나는 K컬처가 완성돼가는 모습을 엿볼 수 있었다. CJ제일제당은 이런 인기에 힘입어 뉴욕대학NYU과 브로드웨이 등 맨해튼 곳곳에서 비비고 푸드 트럭을 운영하며 적극적인 미국 시장 진출을 꾀하고 있다.

## K뷰티와 K게임 인기, K팝의 무한 확장성

K팝 그룹의 폭발적 인기는 미국 내 곳곳에서 한류 확산으로 이어진다. 맨해튼 중심가에서 쉽게 목격되는 것이 'K뷰티'다. 세포라 등 화장품 매장에서 K뷰티 코너가 인기이고, 미국의 대형 약국 체인점인 CVS에 들어가면 입구에 설치된 'K뷰티' 특별 코너를 쉽게 찾아볼 수 있다. 한국에서 유행하며 널리 팔리고 있

뉴욕 맨해튼 중심가의 화장품 매장에 K뷰티 코너가 마련되어 있다.

는 화장품류가 전시돼 있는데, 가장 인기 있는 품목은 '마스크팩'이다. 미국 주부 사이에 K뷰티가 화제가 됐다면, 미국 청소년 사이에서 K웹툰의 약진이 두드러지고 있다. 인터넷을 뜻하는 웹Web과 만화를 의미하는 카툰Cartoon이 합쳐져 만들어진 웹툰Webtoon이 여러 플랫폼과의 시너지 효과를 통해 글로벌 거래액이 늘면서 K웹툰은 2019년 한 해 거래액이 처음으로 1조 원을 돌파했다.

특히 K웹툰은 드라마와 영화를 비롯해 연극·게임 등 다른 콘텐츠의 원천 소재로 각광받고 있다. 2019년에만 웹툰 원작의 2차 창작물 작품이 20여 편에 이르는 등 웹툰을 원작으로 한

2차 창작물 제작이 활발해지면서 원 소스 멀티 유즈OSMU의 핵심으로 자리매김하고 있다. 실제로 「어쩌다 발견한 7월」 「시동」 「이태원 클라쓰」 등의 웹툰이 드라마나 영화로 제작, 방영된 것이 대표 사례다. 웹툰의 영상화가 원작 콘텐츠의 소비로 다시 이어지는 선순환도 이뤄지고 있다.

세계 시장에서 'K게임' 열풍은 놀랄 만하다. 문화체육관광부와 한국콘텐츠진흥원에 따르면, 2019년 국내 콘텐츠 산업 수출액 추정치는 12조 4,000억 원에 이른다. 사상 처음으로 100억 달러(약 11조 130억 원)를 넘어선 것으로 집계됐는데, 독보적인 분야가 게임 산업이다. 8조 3,000억 원이 넘는 규모의 수출액을 기록해 콘텐츠 산업 내 67.2%의 점유율로 K컬처의 성장을 이끌었다. K팝뿐 아니라 K웹툰, K게임 등 각종 K컬처 콘텐츠는 관련 굿즈나 캐릭터 상품 등 2차, 영화나 드라마 등 3차 산업으로 재가공될 수 있어서 무한한 확장성이 더욱 기대를 모은다.

이러한 K컬처의 확산은 전 세계에서 애용되고 있는 한국산 자동차와 각종 가전제품의 인기로도 연결된다. 한국산 자동차를 타고 날마다 직장에 출근하는 미국 중산층 직장인의 집 안을 보면 대개 거실 한복판에 한국산 대형 컬러TV가 놓여 있다. 주방에 비치된 냉장고도 한국에서 수출한 고급 대형 냉장고이고, 세탁기와 건조기도 한국산이다. 손에는 한국산 휴대전화를 들고 다닌다. 미국인의 일상에 그만큼 한국이 가까이 있으며, 다문화 사회를 표방하는 미국에서 한류가 그 나름의 중요한 위상을 확보하고 있다.

TV 드라마나 대중음악에서 시작된 대중문화의 해외 유통과 소비가 작은 한류의 출발이었다면 이제는 음식이나 패션, 생활 방식에까지 큰 영향을 끼치고 있다. 이 같은 문화적 현상은 특정 분야나 지역에 국한돼 나타나는 한때의 유행이 아니다. 전 지구적인 현상처럼 느낄 정도로 확산 속도가 빠르고 폭과 영향이 커지고 있다.

# K팝 세계 진출 성공 전략은

「Dynamite」「Savage Love(Laxed-Siren Beat)」「Life Goes On」은 BTS가 2020년 잇따라 미국 빌보드 싱글 차트 1위를 차지한 곡의 제목이다. 비영어권 가수가 지금까지 달성한 적이 없는 초유의 기록을 세웠다. K팝 가수가 영어 가사인 「Dynamite」로 빌보드 정상을 차지한 것도 대단한 일이지만, 우리말 가사로 부른 「Life Goes On」이 빌보드 핫 100 정상에 등극하면서 BTS는 세계 대중음악사에서 또 다른 기록으로 한 페이지를 장식하게 됐다. 당시 발매한 앨범 「BE」로 빌보드 앨범 차트 '빌보드 200'에서 5연속 1위를 차지한 데 이어 타이틀곡으로 '핫 100' 1위에 오르면서 비영어권 가수로서 처음으로 빌보드 양대 메인 차트를 동시에 석권했다. 비영어곡이 발매 첫 주에 1위에 오른 것도 빌보드 역사상 최초다.

BTS뿐 아니라 SuperM, BLACKPINK 등이 빌보드 앨범 차

트 정상이나 상위권을 차지한 것도 한국 대중음악사에 큰 획을 그은 쾌거다. K팝 가수들이 끊임없는 도전으로 비영어권 가수 진입이 어려운 장벽을 허물고 월드스타 반열에 오른 것이고, K팝 역시 세계 대중음악계 비주류에서 세계인이 공감하는 주요 콘텐츠가 됐다는 신호탄이란 의미도 있다. 이런 K팝 열풍 덕분에 만년 적자에 허덕였던 지식재산권 무역 수지에서 문화예술저작권이 첫 흑자를 기록했다.

한국은행이 발표한 2020년 상반기 성적인데, 국내 기업이 음악이나 영상 등을 쓰는 대가로 해외에 준 돈보다 K팝 등을 수출해 번 돈이 8,000만 달러(약 880억 8,800만 원) 더 많았던 것으로 조사됐다. 이런 실적은 우리나라 음반류 수출 증가로 이어져 2020년 수출액이 2019년보다 94.9% 늘어난 1억 7,000만 달러(약 1,900억 6,000만 원)를 기록했다. 코로나-19로 세계 음반 시장은 큰 타격을 받았는데, K팝은 오히려 역대 최고의 성적을 거둔 것이다. K팝이 선한 메시지와 신명나는 선율로 코로나로 힘든 세계인들에게 기운을 북돋아준 모습이다.

K팝의 성공으로 전 세계에서 제2의 한류의 붐이 불고 있고 확장력도 커져 전 세계 한류 팬이 1억 명을 돌파했다는 소식도 전해졌다. K팝은 1990년대 중반부터 아시아 지역을 시작으로

지구촌 구석구석으로 확산된 한국 드라마에 이어 한류의 주요 콘텐츠로 성장했다. 하지만 K팝이 해외 진출을 하는 데 강력한 모티브가 됐던 것은 아이러니하게도 국내 음반 산업의 위기 때문이다.

앨범 판매 중심의 음원 시장이 파일 형태의 음악 유통 형태로 바뀌는 과정에서 음악 산업계가 극심한 침체 상황에 빠졌는데, 해외 시장 개척이란 고육지책을 내놓게 됐다. 각고의 노력을 쏟아부었고 시행착오도 거듭되었지만, 위기는 기회가 됐다. 1차 한류 붐을 이끌었던 드라마에 대한 해외 열기가 다소 식었지만, K팝은 역대 최고의 성적을 기록하며 세계 시장의 주목을 받고 있다. 특히 국내 대형 연예기획사들의 공격적인 현지화 전략으로 K팝의 공급 역량은 더욱 커지고, 막강한 팬덤 파워로 해외 소비자 층도 더욱 두터워지고 있다.

이런 K팝의 선전은 국내 대부분의 산업 분야에서 성장 동력이 꺼져가는 분위기에서 이뤄진 것이어서 돋보인다. K팝, K컬처의 선전은 그 자체 성과뿐 아니라 높은 콘텐츠의 확장성과 다른 산업까지 견인할 수 있다는 점에서 의미가 있다. 우리가 살고 있는 21세기는 하드파워의 시대를 지나 소프트파워의 시대다. K팝 역시 한국의 소프트파워를 보여줄 수 있는 대표적 아이템이다. K팝의 해외 진출 확대는 국가 브랜드 이미지의 제고와 함께 한국 제품과 의료·관광 등 산업 분야, 한글·음식·패션 등 다양한 분야에 대한 호감도를 제고하는 파생적 효과가 크다.

K팝의 해외 진출과 제2의 한류 붐으로 국내 여러 산업계가 혜택을 받았다는 조사 결과는 어렵지 않게 찾아볼 수 있다. 그래서 해외 K팝 시장을 지속적으로 확대하는 것은 한국 음악 산업계의 발전뿐 아니라 신성장 동력이 필요한 국민 경제에도 유익하다. 국내 음악 팬뿐 아니라 모든 국민이 K팝의 성공을 기뻐하고 K팝이 더욱 도약하고 꾸준히 발전하기를 원하는 바람이 많은 이유이기도 하다.

하지만 K팝이 성공한 이유에 대한 분석이나 한 단계 더 높은 성공을 이뤄내기 위한 성장 전략은 여전히 파편적이고 주먹구구식이었다. 그래서 K팝이 어떤 전략을 세우고 앞으로 나가야 할지에 대한 체계적인 준비도 하기 어려웠다.

나는 이 책 『K-POP 성공방정식』을 통해 한국 음악 산업의 대내외 여건과 경쟁 요소 등을 토대로 K팝의 과거·현재·미래를 입체적이면서도 체계적으로 정리하려고 노력했다. 책 제목에서 알 수 있듯이 K팝의 해외 진출이 지속적으로 활성화될 수 있고, 한국 음악 산업이 한층 더 경쟁력을 갖출 수 있는 방안을 제시하기 위한 작업에 집중했다. Part 2에서 제시한 K팝의 10가지 성공 해법은 지금까지 어렵게 쌓아온 성과를 더욱 발전시켜 K팝이 세계 시장에서 확고한 지위를 구축할 수 있는 데 도움이 될 것으로 믿는다. K팝 가수들이 현지 활동을 늘리고, 라이브 활동 등을 통해 현지 팬들과 지속적인 접촉을 이어가는 것은 K팝 성공의 장기화를 위해 반드시 필요하다.

드라마와 마찬가지로 K팝은 전형적으로 공급이 견인하는 시장의 특성이 있다. 때때로 '혐한류'라든지 '수요국의 자국 산업 보호' 또는 정치적인 이유로 특정 국가나 지역으로부터 유입되는 대중문화에 대한 내부 통제가 존재하는 것은 분명한 현실이다. 그러나 공급자의 콘텐츠 파워가 강하다면 그런 시장 환경 또한 충분히 극복할 수 있을 것이다. 아울러 제시한 10가지 해법은 세계무대에 진출해 자신의 꿈을 펼치려는 한국의 청년들에게도 적용할 수 있는 해법이라 생각한다.

위기를 기회로 이용해 세계무대로 뛰어드는 용기, 현지화 전략으로 차곡차곡 현지 소비자의 마음을 사로잡는 노력, 전 세계 온·오프라인 공간으로 진출해 세계 산업의 중심에서 현지 소비자와 지속적으로 소통하며 그들의 마음을 빼앗는 전략 등이 우리가 K팝의 성공방정식에서 배울 수 있는 교훈이다.

'들어가는 글'에서 밝혔듯이 뉴욕 특파원으로 부임했던 시기가 K팝이 해외 진출에 본격적으로 성공하는 시점과 맞물린 것은 운명과 같다고 생각한다. 그래서 K팝의 창조자들 속에 내재된 혁신 유전자를 찾아내 우리 사회 전체로 확산될 수 있도록 이런 작업을 이어가려고 한다. 현재 K팝에 열광하는 10대, 20대 해외 팬들이 20~30년 뒤 한국에 대한 인식이 더욱 높아지고, K컬처가 지속적으로 성장해 대한민국이 세계 중심에서 소프트파워 강국으로 거듭날 때까지 성공 해법을 체계화하는 작업은 계속될 것이다.

KI신서 9602

**K-POP 성공방정식**

**1판 1쇄 인쇄** 2021년 2월 15일
**1판 1쇄 발행** 2021년 3월 01일

**지은이** 김철우
**펴낸이** 김영곤
**펴낸곳** (주)북이십일 21세기북스

**출판사업본부장** 정지은
**뉴미디어사업팀장** 이지혜 **뉴미디어사업팀** 이지연 강문형
**디자인** 제이알컴 **마케팅팀** 배상현 한경화 김신우
**영업팀** 김수현 최명열 **제작팀** 이영민 권경민

**출판등록** 2000년 5월 6일 제406-2003-061호
**주소** (10881) 경기도 파주시 회동길 201(문발동)
**대표전화** 031-955-2100 **팩스** 031-955-2151 **이메일** book21@book21.co.kr



**ISBN** 978-89-509-9445-7 03320

**(주)북이십일** 경계를 허무는 콘텐츠 리더

21세기북스 채널에서 도서 정보와 다양한 영상자료, 이벤트를 만나세요!

**페이스북** facebook.com/jiinpill21 **포스트** post.naver.com/21c_editors
**인스타그램** instagram.com/jiinpill21 **홈페이지** www.book21.com
**유튜브** youtube.com/book21pub

당신의 인생을 빛내줄 명강의! 〈유니브스타〉
유니브스타는 〈서가명강〉과 〈인생명강〉이 함께합니다.
유튜브, 네이버, 팟캐스트에서 '유니브스타'를 검색해보세요!